Herzlich willkommen bei Familie Lerndrache!

Super, dass du mit uns üben möchtest! Mit uns macht das richtig viel Spaß!

Klett

Spielerische Sprachförderung

Die 100 besten Übungen für eine gelungene Sprachförderung

mit Checkliste zum Sprachstand
Kindergarten und Vorschule
ab 4 Jahren

von Dr. Birgit Ebbert

Vita

Dr. Birgit Ebbert ist Diplom-Pädagogin, sie beschäftigt sich seit vielen Jahren mit der Frage, wie Kinder beim Übergang vom Kindergarten in die Grundschule unterstützt werden können. Sie schreibt Ratgeber, Studienmaterialien und Lernhilfen für Kinder, Eltern und Fachkräfte zu dem Thema, damit möglichst viele Schulanfänger und Schulanfängerinnen lange Freude am Lernen und an der Schule haben.

Bibliografische Information der Deutschen Nationalbibliothek
Die Deutsche Nationalbibliothek verzeichnet diese Publikation in der Deutschen Nationalbibliografie; detaillierte bibliografische Daten sind im Internet über http://dnb.dnb.de abrufbar.

Dieses Werk folgt der neuesten Rechtschreibung und Zeichensetzung.

Hinweis: Aus Gründen der besseren Lesbarkeit wird auf die gleichzeitige Verwendung männlicher und weiblicher Sprachformen verzichtet. Sämtliche Personenbezeichnungen gelten gleichermaßen für alle Geschlechter.

1. Auflage 2022

www.klett-lerntraining.de; kundenservice@klett-lerntraining.de

Abbildungen und Illustrationen: Leitfiguren: Thomas Thiemeyer, Stuttgart; sowie Lars Benecke, Hannover: 22; Gilles Bonotaux, Paris: 53; Mo Büdinger, München: 16, 19, 22, 31, 43, 47, 55, 59, 65, 69, 71, 86; Udo Clormann, Wiesbaden: 16, 23, 34, 53; double-u, Bad Soden: 45, 53; Axel Fahl, Reichelsheim: 56, 88; Madlen Frey und Till Bayreuther, Münster: 9, 53; Andreas Florian, Lübeck: 23; Getty Images, München: 48 AlexBannykh; U1 Jose Luis Pelaez Inc; Isabel Große Holtforth, Hameln: 84; Steffen Jähde, Sundhagen: 19, 23, 27, 56, 83, 85, 88; Klett-Archiv, Stuttgart: 32, 33, 52, 65, 84–87; Helga Merkle, Albershausen: 26, 47, 65, 82; David Norman, Meerbusch: 82; Katrin Oertel, Münster: 14, 20, 41, 83; Agentur Ortega, Barcelona: 21, 37, 64, 85; Liliane Oser, Hamburg: 21; Sven Palmowski, Barcelona: 17, 20, 23, 32, 46, 78; PONS GmbH, Stuttgart: 39, 77; Katja Rau, Berglen: 7, 8, 11, 13, 14, 16–23, 26, 27, 30–35, 37, 40, 43–49, 52, 53, 55, 56, 59, 61, 62, 65–74, 76–79, 82, 83, 85, 86, 88, 90, 91; Silke Reimers, Mainz: 90; Hans Christian Rost, Stuttgart: 84; Florian Schmitt, Hildesheim: 22, 55; Birgit Tanck, Hamburg: 77; Thinkstock, München: 12, 58 Elena Belyakova; 19.10, 37.1, 41, 59.1, 59.5, 86.5 Igor Zakowski; 20.4, 23.3, 86.3, 87.1, 87.3, 87.7, 87.8 IgorZakowski; 21 jon larter; 21.1 mocoo; 22.1 Kheng Guan Toh; 22.2 DrawingDuck; 23.1 Mike-Daily; 23.3 Anton Brand; 26 John Takai; 31 Tigatelu; 34.1 fredy sujono; 34.2 perrineweets; 34.3 kursatunsal; 36 melliott1605; 37.2, 65, 38.1, 38.5, 38.6, 38.10, 38.11, 38.14, 38.15 Pedro Guillermo Angeles-Flores; 38.2 Dawn Hudson; 38.3, 38.7, 38.8, 38.17 Elena Mostovshchikova; 44 Zag-Zig; 47 Yulia Chugunova; 50.1, 50.2, 50.3 Toonstyle.com; 53 kirillseleznyov; 59.2 Colin Cramm; 59.3, 59.4 JIKINAARGO; 60 amana images; 62.7, 87.5 lestyan4; 63 Makhnach_M; 66.3, 86.2 Vallentin Vassileff; 66.1 Matthew Cole; 68 clairevis; 70 hanaschwarz; 73 Sylwia Nowik; 77.1 Pathjattang; 77.2 mimonbear; 77.3 Slobodan Budanovic; 78 Bellenixe; 82.1 Klara Viskova; 82.3 Shannon Toth; 83 James Arrington; 84.1 Angelina Vassileff; 84.2 Boisson Christophe; 84.3 Susan Stewart; 84.4 Natalia Illarionova; 85.1 Sivaraman Gopakumar; 85.2, 88.3 Dorling Kindersley; 87.2, 87.6, 87.9 eherty; 87.5 ryan burke; 88.1 miro kovacevic; 88.2 Miguel Angel Salinas Salinas; 88.4, 88.5 vostal; Inge Voets, Berlin: 19, 69
Satz: tebitron gmbh, Gerlingen
Druck: Gebr. Geiselberger GmbH, Altötting
Printed in Germany
ISBN 978-3-12-949705-0

Grundlagen für das Sprechen entwickeln

Den Aufbau der Sprache kennenlernen

Inhalt

Grammatik richtig einsetzen

Wortschatz aufbauen und erweitern

Liebe Eltern,

die Sprache ist die wichtigste Fähigkeit, um Wissen aufzunehmen, zu verarbeiten und mit anderen Menschen zu kommunizieren. Je sicherer Ihr Kind mit diesem Instrument umgehen kann, desto leichter fällt ihm der Weg in die Welt. Wer nachvollziehbar sprechen kann, wird besser verstanden, er kann seine Wünsche äußern und Grenzen aufzeigen.

In der Regel entwickeln Kinder vom ersten Lebenstag an ein Gefühl für Sprache. Sie bauen einen Wortschatz auf, sortieren Begriffe und beherrschen beim Schuleintritt sogar die Grammatik, ohne dass sie jemals eine Grammatik-Stunde hatten. Das Einzige, was sie für die Entwicklung benötigen, sind Sprachvorbilder und Anregungen.

Viele Studien haben gezeigt, dass sich das Sprachverhalten der Menschen in den letzten Jahren geändert hat. Gespräche fallen oft dem Zeitdruck oder dem Medienkonsum zum Opfer. Es lohnt sich nicht, darüber zu diskutieren, ob das gut oder schlecht ist und wer dafür die Verantwortung trägt. Das ist nun einmal so, das Leben verändert sich ständig. Wichtig ist, dass man darauf reagiert. Eine Reaktion sind die Sprachstandstests, die in vielen Bundesländern eingeführt wurden.

Unabhängig von diesen Tests lohnt es sich, dass Sie die Sprachentwicklung Ihres Kindes fördern. Mit einem vielfältigen Wortschatz, einem guten Sprachverständnis und einem sicheren Umgang mit Sprache ist es für viele Situationen im Leben gewappnet.

In diesem Buch finden Sie 100 Anregungen, wie Sie Ihr Kind fördern können. Darüber hinaus geben Sie Ihrem Kind eine sichere Sprachbasis, wenn Sie viel mit ihm sprechen und ihm vielfältige Erfahrungen ermöglichen, die seinen Horizont und seinen Wortschatz erweitern.

Hier finden sie allgemeine Informationen zu den Kompetenzen, die im Kapitel geübt werden.

i Hier stehen Hintergrundinformationen zur jeweiligen Übung und praktische Anregungen.

Die mit Sternchen markierten Aufgaben sind etwas schwieriger. Hier sollten sie darauf achten, dass Ihr Kind nicht überfordert ist. Schließlich soll es den Spaß am Lernen nicht verlieren.

Nach jeder Übung, die Ihr Kind bewältigt hat, darf es zur Belohnung auf Seite 51 ein Kästchen seiner Wahl ausmalen. Wir wünschen Ihnen und Ihrem Kind viel Spaß bei den Übungen.

Ihre Dr. Birgit Ebbert
und die Vorschul-Redaktion

Beim Sprechen benötigt Ihr Kind viele einzelne Fähigkeiten, von der Mundmotorik über das richtige Ausatmen bis zur Suche der richtigen Begriffe im persönlichen Wortarchiv. Das Gehirn läuft beim Sprechen auf Hochtouren, weil es die verschiedenen Bereiche koordinieren muss, deshalb gehört auch die Merkfähigkeit zu den Grundlagen des Sprechens.

1. Hören und zuhören

Für dieses Spiel brauchst du einen Mitspieler.
Ihr beschreibt abwechselnd ein Bild von dieser Seite.
Beginnt immer mit „Ich meine das Bild, das …“
Der andere muss erraten, welches Bild gemeint ist.

Erst durch Hören und Zuhören lernt Ihr Kind die Sprache kennen. Dieses Spiel können Sie auch mit Fotos oder Bildkarten aus Spielen durchführen.

2. Einen Rhythmus klatschen

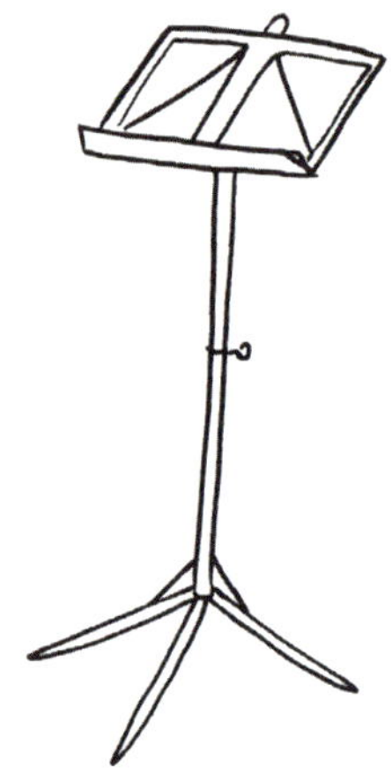

Lass dir das Lied vorsingen und erklären, wie du dazu klatschen musst. Bis das Instrument erwähnt wird, klatscht ihr in die Hände und dann macht ihr das Instrument nach.

2. und sie spielten auf dem alten Klavier.
   Sie spielten: Ping ping.
3. und sie spielten auf der Trompete.
   Sie spielten: Tä tä tätätä.
4. und sie spielten auf der Gitarre.
   Sie spielten Kling kling klingdikling.
5. und sie spielten auf der Flöte.
   Sie spielten: Tü tü tüdelütü.
6. und sie spielten auf der Trommel.
   Sie spielten: Bum bum bumdibum.

Den Rhythmus der Sprache zu erkennen, ist wichtig, um das Ende eines Wortes oder Satzes wahrzunehmen. Im Rhythmus klatschen, gehen oder tanzen sind gute Übungen dafür.

3. Den Mund bewusst bewegen

Schaffst du es, dass dein Mund genauso aussieht wie bei den Gesichtern? Versuch es einmal. Am besten stellst du dich vor einen Spiegel und schaust dir dein Gesicht an.

Um einen bestimmten Laut zu erzeugen, muss Ihr Kind die Lippen richtig bewegen. Schauen Sie selbst vor dem Spiegel, wie unterschiedlich die Mundstellung bei den Buchstaben ist.

4. Laute richtig aussprechen

Lass dir einen Satz von dieser Seite vorlesen und versuche, ihn genauso nachzusprechen. Das klappt? Dann sprich ein bisschen schneller.

Schwarze Schwalben schnattern.

Rotkraut bleibt Rotkraut und
Brautkleid bleibt Brautkleid.

Fragende Fliegen fragen Fliegen,
ob fliegende Fliegen Fliegen fragen sagen.

Fischers Fritz fischt frische Fische,
frische Fische fischt Fischers Fritz.

Zwischen zwei Zwetschgenbäumen
zwitschern zwei Schwalben.

Ein wichtiges Sprachinstrument ist die Zunge. Ihre Stellung beim Sprechen entscheidet über den Klang eines Lautes.

5. Gezielt ausatmen

Für diese Übung benötigst du Wasserfarbe, einen Pinsel und einen Strohhalm.
Tropfe einen dicken Klecks Wasserfarbe auf den Kreis in der Mitte. Halte den Strohhalm dicht an den Tropfen und puste vorsichtig. Das wiederholst du mehrmals, bis du ein tolles Kunstwerk bekommst.

Um richtig zu sprechen, muss Ihr Kind dosiert ausatmen. Das übt es bei solchen Bildern ebenso wie beim Pusten von Seifenblasen oder beim Flöten.

6. Kategorien bilden

Immer drei Bilder gehören zusammen.
Male die Rahmen in der gleichen Farbe an.
Erkläre, was du auf den Bildern siehst.

Unser Gehirn speichert Informationen ab wie wir Unterlagen in Ordnern. Es gibt Ober- und Unterthemen und Kategorien, in die neue Begriffe eingeordnet werden, beispielsweise: Hund – Dackel – Rauhaardackel.

7. Eine Geheimsprache anwenden

Erfinde mit deinen Eltern eine Geheimsprache, die nur ihr versteht. Du musst einfach nur an jedes Wort ein „do“ anhängen.

> ℹ Eine Geheimsprache wie die Erbsen- oder Räubersprache weckt auf lustige Weise das Bewusstsein für Sprache. In dieser Übung wird eine einfache Variante vorgestellt. Sie können den Schwierigkeitsgrad auch erhöhen: „Vielhielefiel Spaßhaßlefaß!“

8. Einen Satz nachsprechen

Hast du Lust, ein Gedicht auswendig zu lernen? Lass dir die Sätze vorsprechen. Du wirst sehen, das ist ganz leicht.

Joachim Ringelnatz
Bumerang
War einmal ein Bumerang;
war ein Weniges zu lang.
Bumerang flog ein Stück,
aber kam nicht mehr zurück.
Publikum – noch stundenlang –
wartete auf Bumerang.

> ℹ Oft erschließt sich erst aus dem ganzen Satz die Bedeutung eines Wortes. Daher ist es wichtig, dass Ihr Kind sich auch Sätze oder Wortreihungen merken kann.

9. Beim Vorlesen zuhören

Bitte jemanden, dir die Geschichte auf dieser Seite vorzulesen. Welches der Bilder passt zu der Geschichte?

> i
>
> Zum Sprechen gehört immer auch, die Gedanken auf etwas zu lenken. Das übt Ihr Kind schon sehr früh, wenn Sie ihm eine Geschichte vorlesen oder erzählen.

Tommy in Gefahr

Lena und Tommy spielen auf der Wiese. „Fang mich doch“, ruft Lena und läuft davon. Tommy rennt, so schnell er kann, hinterher. Und fällt über eine Tasche, die mitten auf der Wiese liegt. Ein großer Hund kommt auf Tommy zu. Der Junge versucht aufzustehen, doch sein Schnürsenkel verhakt sich an der Tasche. „Lena!“, ruft Tommy. Der Hund hat ihn schon fast erreicht. Er bellt so laut, dass auch Lena ihn bemerkt. „Weg da!“, schreit sie und rast zurück zu Tommy. Sie erreicht ihn im gleichen Augenblick wie eine junge Frau. „Benno wollte nur meine Tasche holen“, sagt sie und zwinkert Lena und Tommy zu. Und wirklich, der Hund fasst den Henkel der Tasche mit seiner Schnauze. Er sieht die Frau an, als wollte er sagen: „Können wir nun endlich gehen?“

10. Lange Wörter nachsprechen

Lass dir die Wörter vorlesen und sprich sie nach. Wenn du Lust hast, kannst du ein Bild zu einem der Wörter malen.

Saatkrähenschnabelspitze

Hundekäfigreinigungsmittel

Abfallbeseitigungsanlagenprüffahrzeug

Meerschweinchenstallsaubermacher

Leopardenkindergartenleiterin

Zum Sprechenlernen gehört auch, neue Wörter nachzusprechen, selbst wenn Ihr Kind den Inhalt noch nicht kennt. Erfinden Sie für Ihr Kind Unsinnswörter wie die auf dieser Seite, das schult sein Gehör und seine Sprechmuskeln.

11. Sich den Einkaufszettel merken

Für dieses Spiel brauchst du einen Mitspieler oder auch mehrere. Gemeinsam tut ihr so, als wolltet ihr einkaufen.
Zählt auf, was ihr einkaufen wollt. Beginnt immer mit: „Ich kaufe …“ Dann dürft ihr euch einen Gegenstand von der Seite aussuchen zum Beispiel: „Ich kaufe eine Zahnbürste.“ Der nächste Spieler wiederholt das zunächst: „Ich kaufe eine Zahnbürste“. Dann ergänzt er einen eigenen Gegenstand. So geht das reihum. Jeder muss zuerst alle Gegenstände aufsagen, bevor er seinen Einkauf nennen darf. Das Spiel ist zu Ende, wenn sich einer mit der Reihenfolge der Gegenstände vertut.

Vieles muss Ihr Kind sich über einen längeren Zeitraum merken und da gilt, Übung macht den Meister. Übertragen Sie Ihrem Kind kleine Merkaufträge wie den Einkaufszettel oder einzelne Teile des Einkaufs.

12. Gleichzeitig sprechen und sich bewegen

Dieses Spiel spielst du mit einem anderen Kind.
Du musst es dir erklären lassen.
Ihr sagt gleichzeitig:

deine Hände

die Hände des anderen

mit dem Finger in den Bauch des anderen pieken

Em pom pie

Kolo - nie Kolo - nas - tik,

em pom pie, Kolo - nie,

Akade - mie, Safa - ri,

Akade - mie. Puff - puff!

Sprechen ist auch eine Frage der Konzentration. Manche Kinder können prima beim Laufen sprechen, andere tun sich schwer damit. Gespräche beim Spaziergang oder auf dem Klettergerüst sind eine gute Übung.

13. Ein Bilderrätsel lösen

Immer zwei Wörter ergeben ein neues langes Wort. Verbinde die passenden Bilder.

Wörter werden im Gehirn vor allem als Bilder abgespeichert und ehe ein Kind sich in gesprochener Sprache ausdrückt, nutzt es die Sprache der Bilder. Gut wäre es, wenn es nicht nur in Bildern sprechen, sondern auch diese Bildsprache lesen könnte. Bilderrätsel und Bilderbücher fördern diese Fähigkeit.

14. Eine Geschichte weiterspinnen

Hier ist deine Fantasie gefragt. Lass dir den Anfang vorlesen und erzähle, was danach geschieht.

Ole findet einen Schatz

Ole sitzt im Sandkasten und gräbt. Das Loch ist schon sehr tief, doch Ole gräbt immer weiter. Er will wissen, wie tief er graben kann. Doch, was ist das? Seine kleine Schaufel ist auf etwas gestoßen. Das klingt sehr merkwürdig. Wie eine Tür, die zuschlägt, oder eine Tasse, die man auf den Tisch stellt. Ob das eine Schatzkiste ist? Ole legt die Schaufel beiseite und steckt beide Hände in das Loch.

Wie könnte es weitergehen?

Sprechen bedeutet, Worte sinnvoll aneinanderzureihen. Das verlangt von Ihrem Kind neben der Merkfähigkeit ein gewisses Maß an Vorstellungskraft. Schließlich muss es sich seine Geschichte wie auf einer Leinwand im Kopf ansehen, um sie wiederzugeben.

Mit der Sprache ist es wie mit einem Haus, wer weiß, wie es aufgebaut ist, findet sich leichter zurecht. So hilft der Aufbau der Sprache Ihrem Kind, Wörter zu verstehen oder Wortbilder in gesprochene Sprache umzusetzen. Dazu gehören vor allem die Fähigkeiten, Silben und Reime zu erkennen oder Laute an unterschiedlichen Stellen wahrzunehmen. Die Grundlage dafür wird zum Beispiel mit Fingerspielen und Kinderliedern geschaffen.

15. Silben gehen

Sprich die Wörter zu den Bildern. Klatsche dazu und zähle, wie oft du klatschst. Male für jedes Klatschen ein Herzchen unter das Bild.

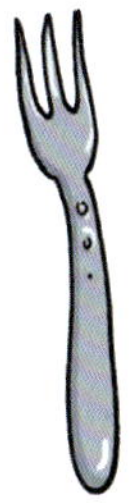

Wörter lassen sich in Silben einteilen. Wer ein Gefühl dafür entwickelt, kann leichter Wörter bilden sowie lesen und schreiben lernen.

16. Gleiche Anlaute finden

Such dir ein Bild auf der Seite aus. Sprich dir das Wort vor und nenne Wörter, die am Anfang gleich klingen.

Anlaute sind die Laute am Anfang eines Wortes. Um diese sprechen zu können, muss Ihr Kind sie richtig hören. Das trainiert es mit dieser Übung.

17. Reime bilden

Verbinde die Wörter, die sich reimen, mit einem dicken Strich in deiner Lieblingsfarbe.

Wer Reime erkennt, tut sich auch beim Sprechen leichter. Ihr Kind muss dann nur die Anfangsbuchstaben bzw. -laute austauschen. Das hilft ihm später sogar beim Schreiben.

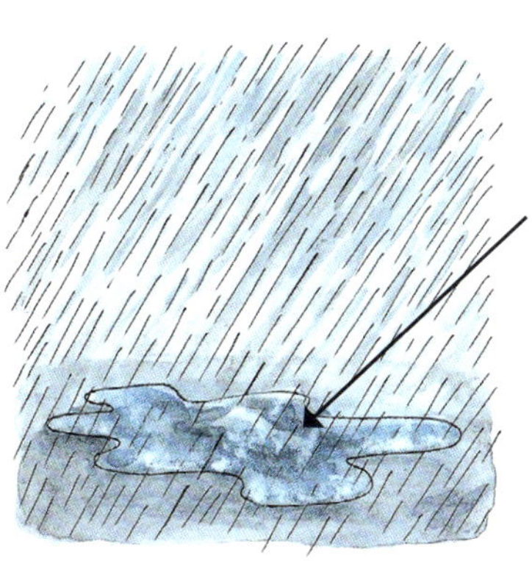

18. Reime raten

Nun weißt du schon, wie sich Reime anhören. Schaffst du es auch zu reimen? Nenne die Reime und male die Bilder dazu in die leeren Kästchen.

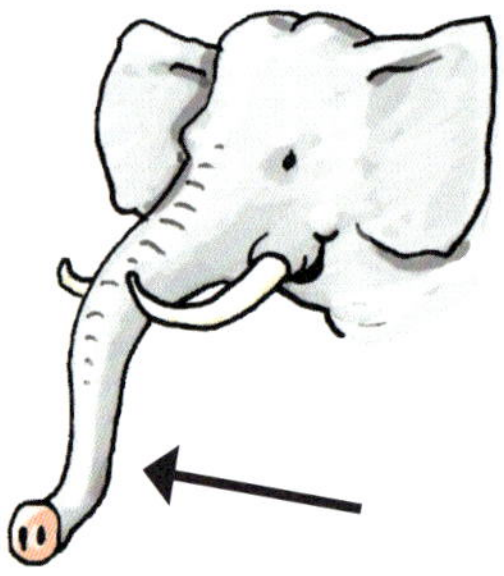

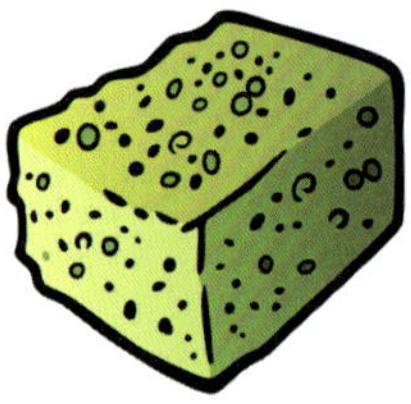

Reime erkennen ist das eine, aber kann Ihr Kind auch eigene Reime finden? Nutzen Sie jede Gelegenheit, mit Ihrem Kind zu reimen. Auch unsinnige Reime sind erlaubt, wichtig ist das Gespür für den Gleichklang der Wortendungen.

19. Auslautpaare erkennen

Verbinde die Bilder, deren Wörter am Ende gleich klingen.

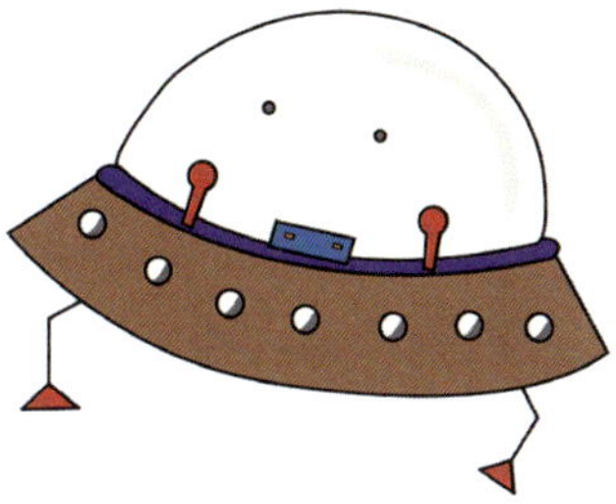

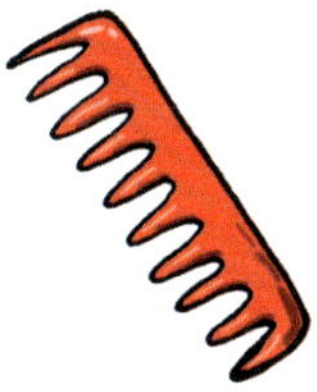

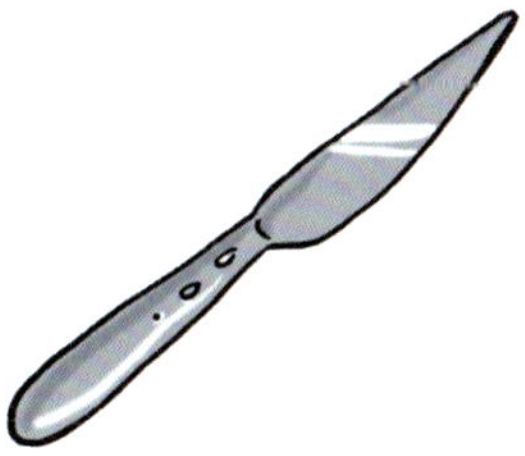

Als Auslaute bezeichnet man die letzten Laute eines Wortes. Hier haben viele Kinder Probleme, weil in manchen Regionen die Auslaute nicht richtig gesprochen werden. Aus „er“ wird zum Beispiel oft „a“. Achten Sie beim Vorlesen darauf, dass Sie die Laute richtig aussprechen, beim Sprechen geht das oft unter.

20. Innenlaut zuordnen

Sprich dir die Wörter zu den Bildern vor. Manchmal hörst du in dem Wort den gleichen Laut wie am Anfang. Kreuze die Bilder an, in denen das so ist.

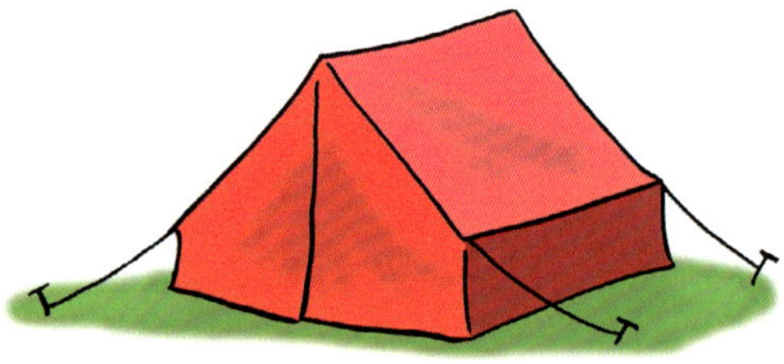

Ein Innenlaut befindet sich im Inneren des Wortes. Gerade bei längeren Wörtern ist es nicht so leicht, alle Innenlaute zu hören und zu sprechen. Diese Übung lenkt die Aufmerksamkeit Ihres Kindes auf diese Laute. Sie können sie leicht mit anderen Wörtern und Lauten fortführen.

21. Buchstabenketten fortführen

Bilde eine Kette aus den Bildern. Verbinde die Bilder, bei denen das Ende des Wortes genauso klingt wie der Anfang des nächsten Wortes.

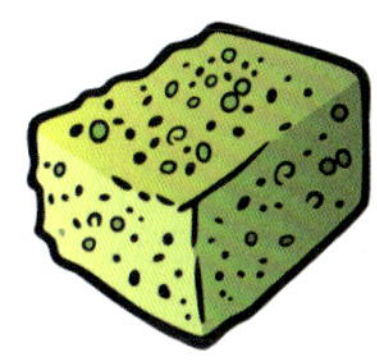

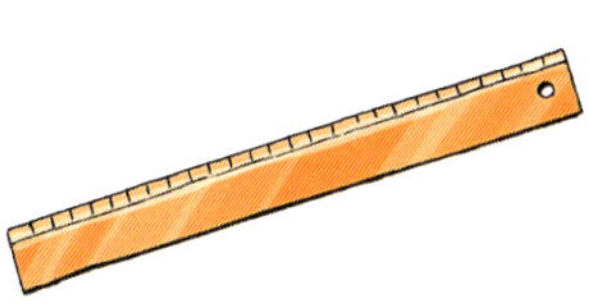

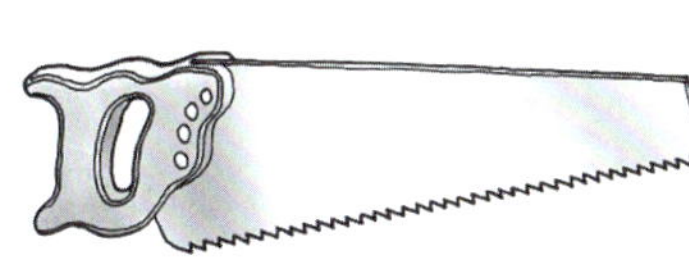

Je weiter Ihr Kind in der Sprachentwicklung voranschreitet, desto komplexer werden die Aufgaben. Der rasche Wechsel zwischen Lauten und Buchstaben ist nötig, wie es ihn hier beispielhaft übt.

22. Fehler in Sätzen bemerken

Lass dir die Sätze vorlesen.
Kreuze den Satz an, der richtig ist.

- ☐ Pia isst ein Buch.
- ☐ Pia liest ein Buch.
- ☐ Pia liest ein Tuch.

- ☐ Eine Katze jagt das Haus.
- ☐ Eine Katze malt die Maus.
- ☐ Eine Katze jagt die Maus.

- ☐ Ben spielt im Wald.
- ☐ Ben spült im Wald.
- ☐ Ben spielt im Wal.

> Bei der Sprache steckt die Tücke oft im Detail. Manchmal sind es Kleinigkeiten, die dem Satz einen neuen Sinn geben. Diese Übung schärft das Bewusstsein Ihres Kindes für solche Feinheiten.

23. Fantasiewörter nachsprechen

Sprich die Wörter nach.

Sarabi
Grünizo
Puridomi
Risibusilommeldim
Hasimafigrimaribus

Fallen euch noch andere lustige Wörter ein?
Dann könnt ihr sie hier aufschreiben.

> Beim Nachsprechen von Fantasiewörtern zeigt sich, wie gut Ihr Kind unbekannte Laute und Lautverbindungen hört und in eigene Sprache umsetzen kann.

24. Buchstaben in Wörtern weglassen

Sing mit deinen Eltern dieses Lied einmal, damit du weißt, wie es geht. In der nächsten Runde singst du nur „Wanz“ und „tanz“. Lass in jeder Runde einen Buchstaben mehr weg: „Wan“ und „tan“, und so weiter. Du wirst sehen, das klingt witzig und macht viel Spaß.

Geschwindigkeit ist beim Sprechen ebenso wichtig wie die Konzentration. Beides übt Ihr Kind bei diesem Spiel, das sich besonders für längere Autofahrten eignet.

25. Wörter nennen, die mit Vokal beginnen

Sprich dir die Wörter zu den Bildern vor.
Male die Rahmen der Bilder, die mit dem gleichen Laut beginnen, in der gleichen Farbe an.

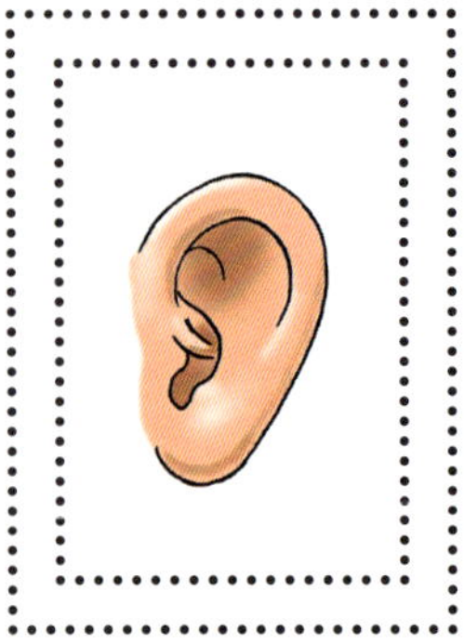

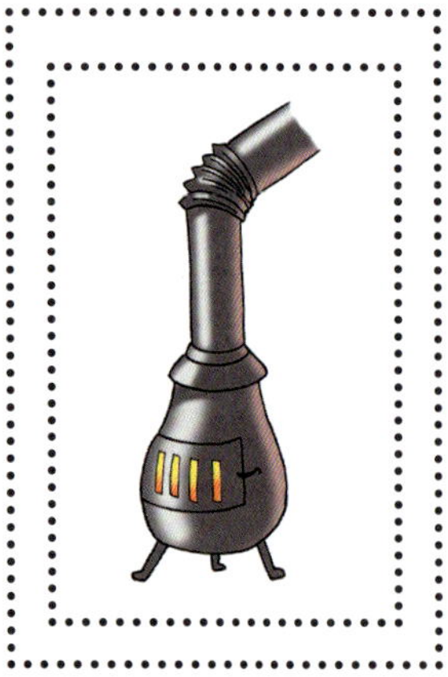

Unsere Sprache hat 26 Buchstaben, aus denen die Wörter zusammengesetzt werden. Den Klang erhalten die Wörter vor allem durch die Vokale, die mal hell, mal dunkel klingen. Natürlich muss Ihr Kind nicht wissen, dass a, e, i, o, u Vokale sind, es reicht, wenn es sie sprechen und die Ähnlichkeit erkennen kann.

26. Wörter mit Konsonanten kennen

Für dieses Spiel benötigst du Farbplättchen, einen Farbwürfel und Mitspieler.
Verteile die Farbplättchen auf den Feldern, sodass die Bilder nicht mehr zu sehen sind.
Nun würfelt ihr abwechselnd. Wer gewürfelt hat, darf ein Farbplättchen wegnehmen. Was ist auf dem Bild darunter zu sehen? Kennt der Spieler auch noch ein anderes Wort mit dem gleichen Buchstaben am Anfang, darf er das Farbplättchen behalten.

> **i**
> Neben den Vokalen bilden die Konsonanten das Gerüst der Wörter. Auch hier geht es nicht darum, dass Ihr Kind die Konsonanten aufzählen, sondern dass es sie sprechen und unterscheiden kann.

27. Wörter zählen – Wortenden erkennen

Lass dir die Sätze vorlesen. Male für jedes Wort, das du in den Sätzen hörst, einen Punkt in das Kästchen.

☐ Ricardo mag Elefanten.

☐ Ich habe Hunger.

☐ Gestern haben wird Fußball gespielt.

☐ Heute essen Nele und David Döner.

☐ In den nächsten Ferien fahren wir an die Ostsee.

Unsere Sprache würde sich merkwürdig anhören, wenn wir alles in einer Tonlage und ohne Pause sprechen würden. Sprechen Sie also ruhig mal sehr betont und langsam; gerade dann, wenn Ihr Kind dazu neigt, schnell und ohne Betonung zu sprechen.

28. Das Satzende erkennen

Höre dir die Geschichte an.
Wenn du eine längere Pause hörst,
darfst du das Kästchen zwischen
den Wörtern ausmalen.

Jason ☐ besucht ☐ mit ☐ seinem ☐ Opa ☐ den ☐ Zoo. ☐ Vor ☐ ihnen ☐ geht ☐ ein ☐ Mann ☐ mit ☐ einem ☐ Eimer ☐ voller ☐ Fische. ☐ Jason ☐ fragt ☐ sich, ☐ was ☐ der ☐ Mann ☐ mit ☐ den ☐ Fischen ☐ macht. ☐ Er ☐ läuft ☐ schnell ☐ hinter ☐ ihm ☐ her. ☐ Sein ☐ Opa ☐ folgt ☐ ihm ☐ langsam. ☐ Wenig ☐ später ☐ stehen ☐ sie ☐ vor ☐ einem ☐ großen ☐ Wasserbecken ☐ mit ☐ Seehunden. ☐ Der ☐ Mann ☐ füttert ☐ die ☐ Seehunde ☐ mit ☐ den ☐ Fischen.

ℹ In einem Gespräch sollte der Partner wissen, wann ein Gedanke zu Ende ist und wann er antworten kann. Deshalb senken wir am Ende eines Satzes die Stimme.

Grundlage der Sprachentwicklung ist, dass Sprache wahrgenommen und verarbeitet wird. Je mehr Sprache ein Kind aufnimmt, desto besser kann es sich Theorien über die Bedeutung von Begriffen bilden, desto stärker wächst sein Wortschatz und desto souveräner wird es selbst sprechen. Die beste Förderung ist, Ihrem Kind vielfältige Spracherlebnisse zu verschaffen, zum Beispiel durch Erzählen, Vorlesen oder Sprachspiele.

29. Malen nach Sätzen

Male die Bilder so aus, dass sie zu den Sätzen passen.

Vor der blauen Kiste mit dem roten Deckel steht ein grüner Becher.

Die blaue Vase steht hinter der gelben Kiste.

In Anweisungen und Geschichten kommt es oft auf Kleinigkeiten wie die Zeitform oder ein eingeschobenes Adjektiv an. Diese Übung können Sie leicht erweitern, indem Sie Ihrem Kind Sätze nennen, zu denen es malen soll.

30. Dinge auf einem Bild zeigen

Kreuze die Dinge an, die in der Geschichte vorkommen.

Der Fuchs und der Storch (nach Äsop)

Der Storch hatte den Fuchs besucht. Der Fuchs hatte ein leckeres Essen zubereitet. Er servierte es auf flachen Tellern, von denen der Storch mit seinem langen Schnabel nicht essen konnte. Gierig fraß der Fuchs alles allein, obwohl er den Storch unaufhörlich bat, es sich doch schmecken zu lassen. Der Storch war enttäuscht, blieb aber heiter und lobte das Essen.
Er lud den Fuchs ein, ihn am nächsten Tag zu besuchen.
Als der Fuchs zum Storch kam, hatte dieser schon alle möglichen Leckerbissen aufgetischt, aber nur in hohen schmalen Gläsern.
„Guten Appetit“, sagte der Storch und schlürfte mit seinem Schnabel ebenfalls alles allein, während der Fuchs zu seinem größten Ärger das leckere Essen nur riechen konnte.

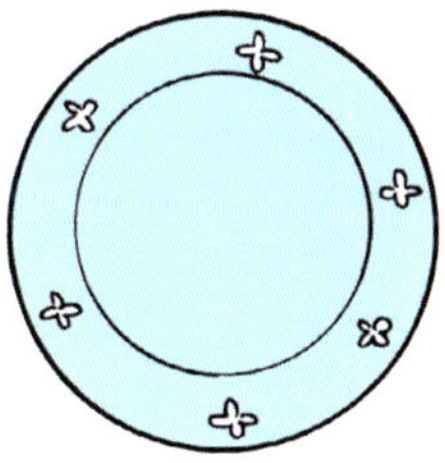   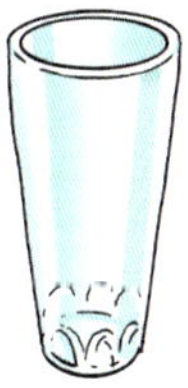

Ihr Kind lernt Sprache, indem es etwas hört und damit ein Bild oder eine Situation verbindet. Gelegentlich entstehen so falsche Verknüpfungen, die es im Laufe der Zeit korrigiert. Das Anschauen von Bildern oder Bilderbüchern bietet viele Möglichkeiten, Sprache zu trainieren.

31. Wörterketten bilden

Sprich dir die Wörter vor und bilde eine lange Wörterkette.
Beginne mit Birne und hänge das passende Wort daran:
Aus Birne und Baum wird Birnbaum.
Jetzt kommt der Baum an den Anfang.
Welches Wort passt an die zweite Stelle? Baum ...

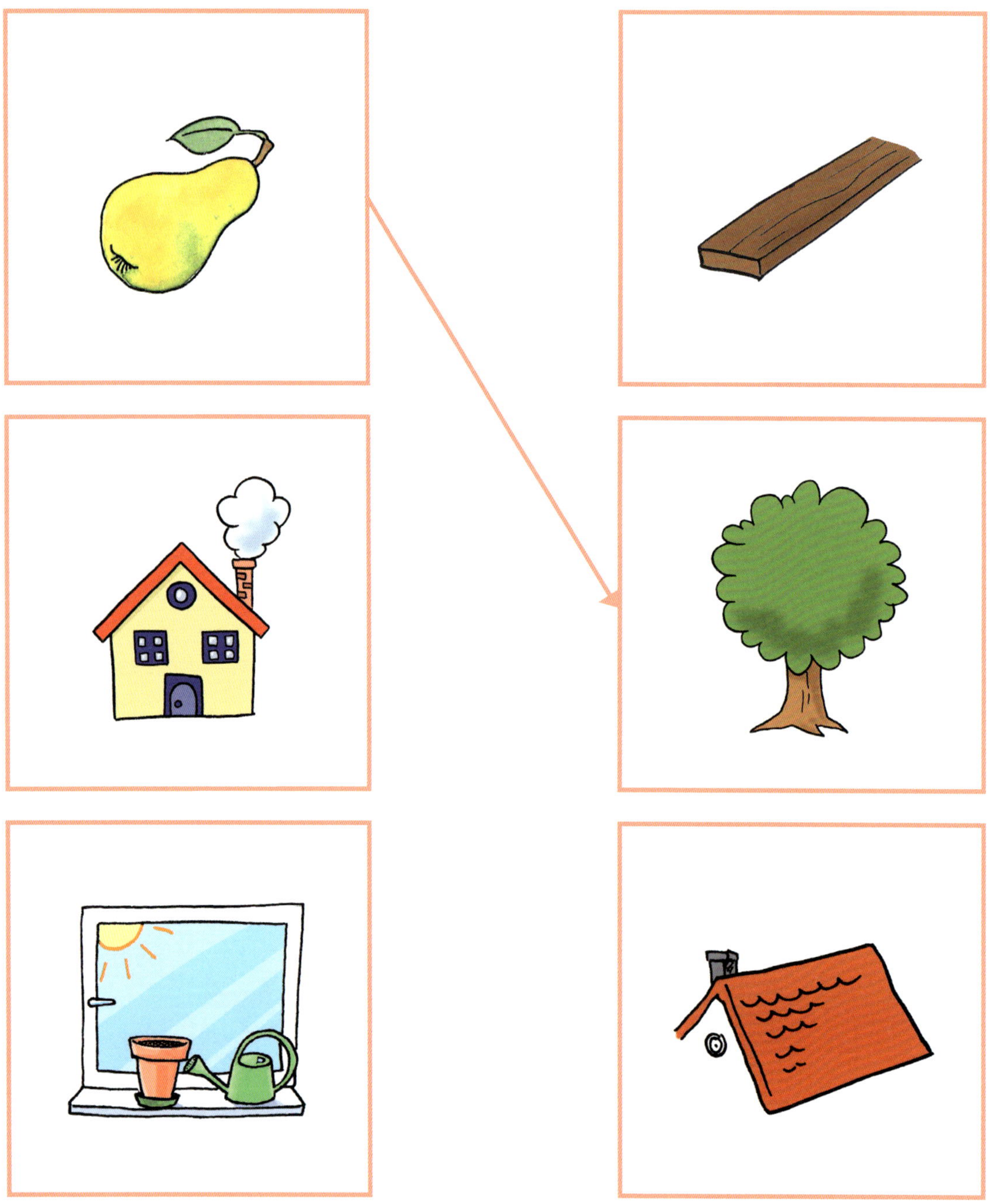

Unsere Sprache enthält viele Wörter, die einen neuen Sinn ergeben, wenn sie zusammengesetzt werden. Mit Spielen wie diesen übt Ihr Kind, die einzelnen Wörter zu erkennen.

32. Zu einem Gedicht malen

Lass dir das Gedicht vorlesen und male das Bild nach. Daneben ist Platz, damit du es selbst versuchen kannst, nach dem Gedicht das Mondgesicht zu malen.

Punkt, Punkt, Komma, Strich –
fertig ist das Mondgesicht.
Male außen noch den Kreis,
das ist der Kopf, wie jeder weiß.

Sprache wird häufig eingesetzt, um Anweisungen zu geben. Hier ist oft die Reihenfolge, in der Dinge gesagt werden, entscheidend.

33. Ein Märchen beenden

Weißt du, wie die Figuren auf dieser Seite heißen? Bitte deine Eltern, dir den Anfang eines der Märchen zu erzählen und denke dir ein schönes Ende aus.

Um ein Märchen oder eine Geschichte zu beenden, muss Ihr Kind über eine längere Zeit zuhören. Das fördert das Sprachverständnis und die Konzentration. Lesen Sie Ihrem Kind Märchen vor, die Sie selbst, als Sie klein waren, geliebt haben.

34. Wörter umdrehen

Immer ein Wort und ein Bild gehören zusammen. Lass dir die Wörter vorlesen und verbinde sie mit den passenden Bildern. Aber Vorsicht, die Wörter sind ein wenig durcheinander geraten.

> i
> Oft kommt es in der Sprache auf die Stellung eines Wortes an. Manchmal muss man ein Wort oder einen Satz im Kopf umstellen, um ihn zu verstehen. Bei dieser Aufgabe übt Ihr Kind, im Kopf mit Sprache zu arbeiten.

Autofeuerwehr

Hausbaum

Burgsand

Messertasche

Schirmregen

Pferdschaukel

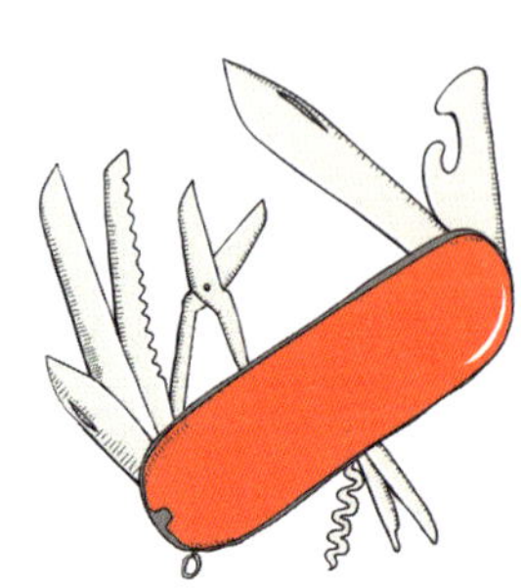

35. Eine Geschichte nacherzählen

Erzähle, was in der folgenden Geschichte geschieht.

Eine aufregende Wanderung

Anna-Lena und ihre Eltern wandern in den Bergen.
„Hier ist es aber langweilig“, quengelt Anna-Lena. „Aber die Berge da, die sind doch wunderschön“, entgegnet Papa. Anna-Lenas Antwort geht in einem lauten Donner unter.
„Wir sollten schnell Schutz suchen“, sagt Mama. Doch soweit Anna-Lena auch schaut, nirgendwo ist ein Haus oder eine Hütte zu erkennen. Dafür sieht sie in der Ferne einen grellen Blitz. Wo sie doch Angst vor Gewitter hat. Aber hier ist kein Tisch, unter dem sie sich verkriechen kann. Auch Papa sieht gar nicht mehr so fröhlich aus. Er sieht auf die Wanderkarte seines Smartphones. „Ich weiß nicht, wo wir genau sind“, murmelt er. Anna-Lena sieht Mama an. Sie ist ganz blass geworden und zittert, als es wieder laut donnert. „Hast du Angst vor Gewitter?“, fragt Anna-Lena. Sie dachte immer, nur Kinder hätten Angst vor Blitz und Donner. Mama nickt.
Anna-Lena sieht sich noch einmal um. „Da hinten ist eine Höhle“, ruft sie und läuft schon los. Sie wartet darauf, dass Mama und Papa sie zurückhalten. Es geschieht erst einmal nichts, dann sind ihre Eltern neben ihr.
„Du hast recht“, sagt ihr Vater. „Schnell, da können wir uns unterstellen.“
Kaum sind sie in der Höhle angekommen, da beginnt es zu regnen. Anna-Lena sieht die Blitze, die näherkommen. Aber sie fühlt sich sicher, schließlich ist der Berg schon sehr, sehr alt, hat ihr Vater gesagt.

Eine Geschichte nachzuerzählen, verlangt von Ihrem Kind, die wichtigsten Ereignisse in der Geschichte und vor allem den Schluss zu verstehen. Bitten Sie Ihr Kind gelegentlich zu erzählen, was in einer vorgelesenen Geschichte oder einem Film geschehen ist.

36. Über einen Witz lachen

Male das Bild zu dem Witz fertig.

Es treffen sich zwei Zahnstocher.
Ein Igel geht an ihnen vorbei.
Da sagt der eine Zahnstocher:
„Schau mal, da kommt ein Bus.“

> **i**
> Beim Anhören von Witzen übt Ihr Kind, auf jedes Wort und auf Doppeldeutigkeiten zu achten. Kramen Sie also getrost alle Witze hervor, die Sie aus Ihrer Kindheit kennen.

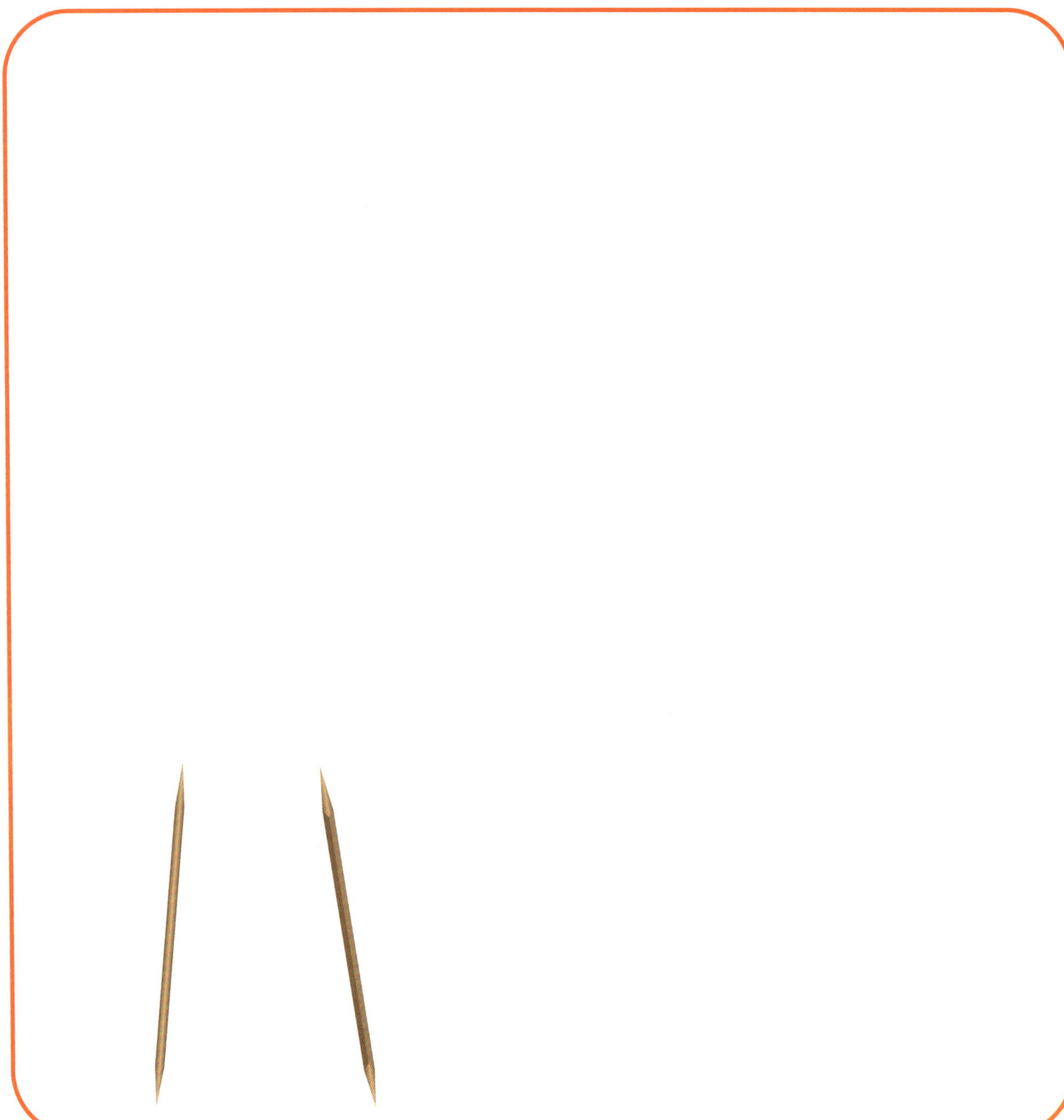

37. Ähnlich klingende Wörter erkennen

Finde heraus, welches Wort zu dem jeweiligen Bild passt.

Puder – Pudel

Nagel – Nadel

Hand – Hund

Bart – Braten

Reise – Reis

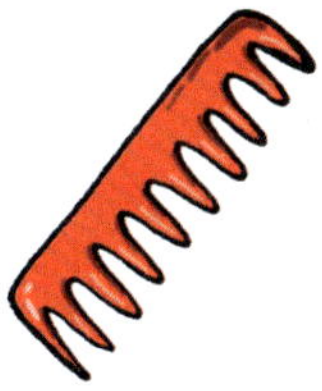

Kammer – Kamm

Beim Sprechen kommt es zu lustigen Situationen, wenn jemand nicht genau hinhört. Nutzen Sie gelegentlich absichtlich falsche Wörter, um die Aufmerksamkeit Ihres Kindes für die Details herauszufordern.

38. Eine Geschichte mitlesen

Lies diese Geschichte zusammen mit deinen Eltern. Du „liest“ die Bilder und deine Eltern den Rest. Versuch es zunächst mit den Bildern. Such dir einen Namen für den Jungen aus. Und was bedeuten die anderen Bilder?

Bilder sind eine besondere Form der Sprache, die Ihr Kind verstehen muss. Fragen Sie daher bei Symbolen, welche Bedeutung sie haben könnten.

Wie heißt der Junge?

Schuh

Pfütze

Nagel

Ein Loch im 

 und seine Freunde spielen Fangen.

„Aua“, ruft . Er ist in einen  getreten. „Ich helfe dir“, sagt sein Freund Elias. Er zieht den  aus dem . „Danke“, sagt  und läuft hinter den anderen Jungen her. „Iih“, jammert  kurze Zeit später. Er ist mit seinem kaputten  durch eine gelaufen. „Der ganze  ist voll Wasser“, schimpft . „Ich gehe nach Hause.“  geht in einem großen Bogen um die herum, damit nicht noch mehr Wasser in seinen  kommt. Er schaut die ganze Zeit auf den Boden, um keinen  zu übersehen. Noch ein Loch im  kann er wirklich nicht gebrauchen.

39. Ein Rätsel lösen

In dem Gedicht werden zwei Dinge beschrieben, die genau gleich heißen. Das eine ist ein Gegenstand, das andere ein Tier. Male beide in den Kasten.

Klein, grau und flink bin ich als Tier.
Viele fürchten sich vor mir.
Doch dort, wo es Computer gibt,
bin ich auf einmal sehr beliebt.

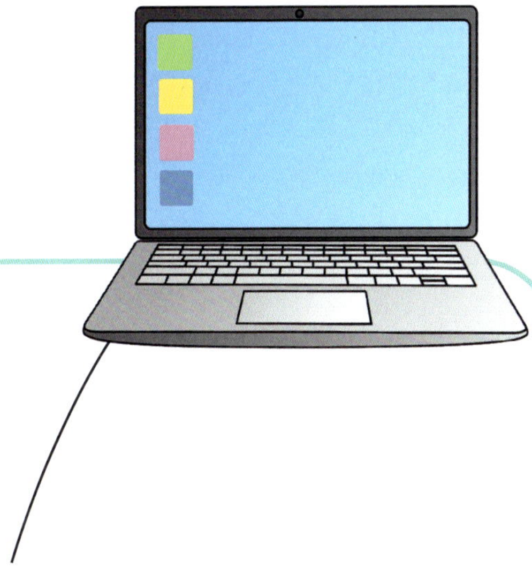

In unserer Sprache gibt es manche Begriffe, die verschiedene Bedeutungen haben. Solche Namen kennen Sie vielleicht als „Teekesselchen". Suchen Sie mit Ihrem Kind weitere Teekesselchen oder weisen Sie daraufhin, wenn Ihnen welche auffallen.

40. Fragen zu einem Bild beantworten

Beantworte die Fragen zu dem Bild.

Welche Farbe hat die Tischdecke?
Wo steht die Schale mit dem Obst?
Was flackert im Kamin?
Wie ist der Schwanz des Tieres?
Was ist auf dem Bild hinter dem Sessel zu sehen?
Wo befindet sich das blaue Wollknäuel?

Sobald Ihr Kind in die Schule kommt, lernt es dort, Aufgaben und Texte zu erschließen und Fragen zu beantworten. Voraussetzung ist, dass es sie versteht. Mit Fragen zu Geschichten, Filmen oder Videos können Sie das nebenbei üben.

41. Unsinnsfragen beantworten

Beantworte die Fragen auf der Seite. Welche Bilder könnten dazu passen? Unterstreiche die Frage und kreise das Bild in der gleichen Farbe ein.

Wann fliegen wir zum Mond, um Oma zu besuchen?

Wer hat die Löcher in den Käse gegessen?

Warum tragen Hunde keine Jogginganzüge?

Auch auf Fragen zu antworten, muss Ihr Kind lernen. Das geschieht meist nebenbei, indem es etwas gefragt wird. Das müssen nicht immer ernsthafte Fragen sein, Fragen dürfen schließlich auch Spaß machen.

42. Wahrheit und Fantasie unterscheiden

Ob das alles stimmt, was auf dieser Seite steht?
Hör genau zu, was deine Eltern vorlesen.
Wenn es stimmt, kreuzt du das grüne Kästchen an
und wenn es falsch ist, das rote.

☐ ☐ Der Elefant ist das kleinste Tier auf der ganzen Welt.

☐ ☐ Eine Ente kann laufen, schwimmen und fliegen.

☐ ☐ Der Himmel ist im Winter immer schön grün.

☐ ☐ Wenn die Ampel rot ist, darf man über die Straße gehen.

☐ ☐ Mädchen können genauso schnell rennen wie Jungen.

Sprache kann auf vielfältige Weise genutzt werden und nicht immer wird gleich deutlich, ob das Gesagte wahr ist oder falsch. Wir überprüfen quasi schon beim Zuhören den Inhalt. Mit Übungen wie diesen können Sie das mit Ihrem Kind üben und viel Spaß haben.

Sprache zu verstehen ist die eine Seite, selbst sprechen und zwar so, dass einen die anderen verstehen, ist die andere Seite der Sprache. Und das übt Ihr Kind nur durch Sprechen, durch Experimentieren mit Sprache und durch Nachsprechen. Ermutigen Sie Ihr Kind zum Sprechen, indem Sie es in Gespräche einbeziehen, Fragen stellen und ihm vor allem zuhören.

43. Schwierige Laute sprechen

Sprich die Wörter zu den Bildern und verbinde die Bilder, die mit dem gleichen Laut beginnen.

Lange bevor Ihr Kind Buchstaben lernt, lernt es Laute. Manche Laute, wie die Selbstlaute, sind leicht zu sprechen, bei anderen Lauten ist viel Übung erforderlich.

44. Fingerspiele mitmachen

Balle eine Faust. Sprich dann das Gedicht
und strecke die passenden Finger aus.

Das ist der Daumen. (Den Daumen strecken)
Der schüttelt die Pflaumen. (Zeigefinger)
Der hebt sie auf. (Mittelfinger)
Der trägt sie nach Haus. (Ringfinger)
Und der kleine Wicht (kleiner Finger)
isst nur und hilft nicht.

> i
>
> Fingerspiele sind kleine Geschichten oder Gedichte, bei denen die Finger bewegt werden. Lassen Sie Ihr Kind die Texte nachsprechen und die Finger dazu bewegen.

45. Wörter zu einem Thema finden

Was passt zu den Bildern auf dieser Seite?
Nenne alles, was dir einfällt.

> i
>
> Sprachentwicklung endet nie, auch wir Erwachsenen lernen noch neue Begriffe oder Sprachen. In der Kindheit wird allerdings die Grundlage gelegt, und je mehr Anlässe Sie finden um mit Ihrem Kind zu sprechen, desto besser.

46. Stille Post spielen

Je mehr Kinder und Erwachsene bei diesem Spiel mitmachen, desto lustiger wird es. Denke dir ein witziges Wort aus. Flüstere es dem nächsten Mitspieler ins Ohr. Der flüstert es weiter und der letzte in der Reihe nennt es laut. Und? Ist es wirklich das Wort, das du gesagt hast? Probiere es mit einem der Wörter zu den Bildern auf dieser Seite.

Laut sprechen ist das eine, das fällt Kindern nicht schwer. Aber flüstern und leise sprechen, das ist eine Herausforderung. Flüstern Sie ruhig gelegentlich und lassen Sie vor allem Ihr Kind flüstern.

47. Ein Bild beschreiben

Beschreibe eines der Bilder so, dass deine Eltern erraten, welches Bild du meinst.

ℹ Manchmal ist es schwierig, die treffenden Wörter zu finden, um etwas zu beschreiben. Lassen Sie Ihr Kind immer wieder beschreiben, was es gesehen und erlebt hat.

48. Wörter nachsprechen

Bilde ein langes Wort, indem du die Wörter zu den Bildern auf dieser Seite aneinanderreihst. Erfinde eigene lange Wörter.

Viele Wörter in unserer Sprache sind schwer zu sprechen, weil sie aus anderen Sprachen kommen oder weil es zusammengesetzte Wörter sind. Üben Sie mit Ihrem Kind solche Wörter nachzusprechen, das trainiert seine Merkfähigkeit und seine Sprechfertigkeit.

49. Eine Geschichte erfinden

Denke dir eine Geschichte aus, in der die Tiere und Gegenstände auf dieser Seite vorkommen.

Je eher Ihr Kind übt, eine eigene Geschichte zu erfinden und dabei mit Sprache umzugehen, desto leichter fällt es ihm und desto sicherer setzt es die Sprache ein.

50. Ein Tier beschreiben

Beschreibe eines der Tiere, die auf der Seite abgebildet sind. Finden deine Eltern heraus, welches gemeint ist? Dann male das Tier aus.

> i
> Um etwas zu beschreiben, muss Ihr Kind genau hinsehen und die passenden Begriffe finden.

51. Eine Bildergeschichte fortsetzen

Erzähle die Bildergeschichte weiter und male ein Bild zu deinem Ende der Geschichte.

Bei einer Bildergeschichte gilt es zunächst, die Bilder in Sprache umzusetzen, um die Geschichte fortzuführen. Fragen Sie Ihr Kind beim Vorlesen von Bilderbüchern, was als Nächstes geschehen könnte.

52. An einem Ratespiel teilnehmen

Dieses Spiel kannst du überall spielen. Denk dir einfach einen Gegenstand und beschreibe ihn. „Ich sehe etwas und das ist ...“

Bei Ratespielen wie diesem geht es darum, so wenig Informationen wie möglich und so viel wie nötig preiszugeben.

53. Ein Gedicht aufsagen

Lass dir das Gedicht vorsagen und sprich es nach, bis du es auswendig kannst. Frage jemanden, den du magst, ob du es aufsagen darfst.

Christian Morgenstern
Gruselett
Der Flügelflagel gaustert
durchs Wiruwaruwolz,
die rote Fingur plaustert
und grausig gutzt der Golz.

Beim Sprechen spielt auch die Betonung eine wichtige Rolle. Diese übt Ihr Kind besonders gut, wenn es ein Gedicht vorträgt. Das muss nicht lang sein, aber vier Zeilen kann es sich sicher schon merken.

54. Eine Person beschreiben

Die Polizei sucht mit diesen Steckbriefen mehrere Diebe. Wähle einen Steckbrief aus und beschreibe den Dieb. Ob deine Eltern erraten, wen du meinst?

Um eine Person zu beschreiben, ist der Blick auf viele Details nötig. Sind die Ohren groß oder klein, ist die Nase spitz oder breit? Ihr Kind lernt genau zu sehen und übt Wörter, die es sonst auch benötigt.

Nach jeder Übung darfst du auf
dieser Seite ein Kästchen ausmalen.

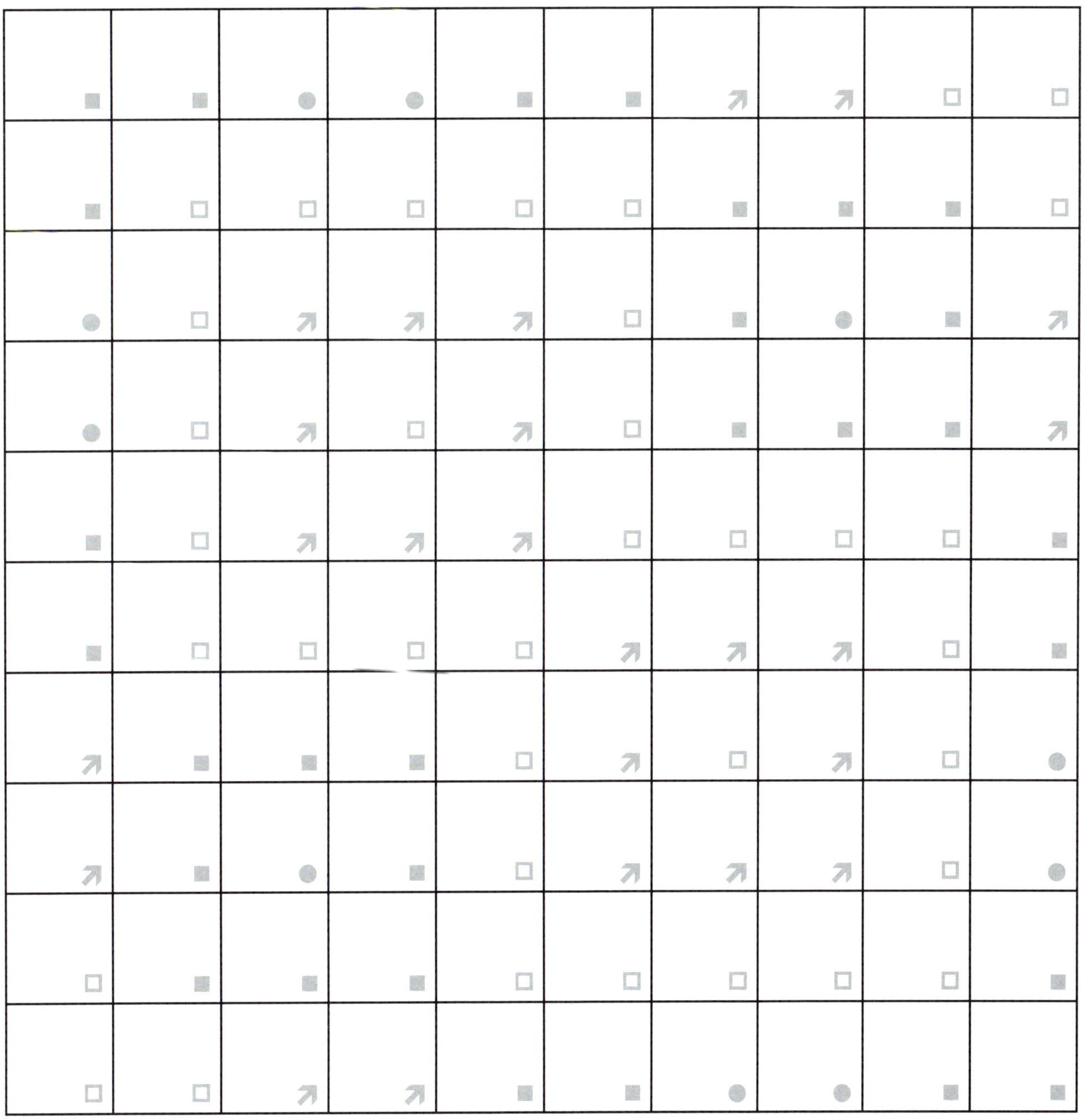

Sprache ist kein Selbstzweck, sondern eine wichtige Grundlage für die Kommunikation. Doch auch das muss gelernt werden, sei es die Tonlage verschiedener Anliegen als auch die Fähigkeit, Sprechpausen beim Gegenüber zu erkennen. Das lernt ein Kind nicht in Sprachkursen, sondern im täglichen Austausch miteinander, weshalb es so wichtig ist, dass Kinder in Gespräche einbezogen werden.

55. Sich mit einem Stofftier unterhalten

Erzähle deinem Stofftier, was du einmal werden möchtest, wenn du groß bist.

Lange bevor Ihr Kind Buchstaben lernt, lernt es Laute. Manche Laute wie die Selbstlaute sind leicht zu sprechen, bei anderen Lauten ist viel Übung erforderlich.

56. Fragen stellen

Schau dir das Bild an und stell deinen Eltern Fragen zu dem Bild.

Ihr Kind muss fragen, um die Welt zu verstehen. Die Art, wie Sie damit umgehen, prägt seine Einstellung und Fähigkeit zu fragen. Das bedeutet nicht, dass Sie jede Antwort kennen müssen. Manchmal ist es auch schön, gemeinsam eine Antwort zu (er)finden.

57. Eine Bitte äußern

Magst du gern ein Eis? Dann bitte deine Eltern, dir eins zu kaufen. Was möchtest du sonst noch gern haben? Überlege zu jedem Bild auf der Seite, wie du deine Eltern darum bitten würdest.

Je nachdem, wie etwas formuliert ist, klingt es wie ein Befehl oder wie eine Bitte. Die Unterscheidung lernt Ihr Kind dadurch, dass es Ihnen zuhört und auf Ihre Äußerungen reagiert.

58. Über ein Erlebnis berichten

Male das Bild aus und erzähle, was du auf dem Spielplatz erlebt hast.

Schaffen Sie Anlässe, um Ihr Kind zum Sprechen zu ermuntern. Erkundigen Sie sich zum Beispiel abends oder wann immer Sie Zeit haben, was es erlebt hat.

59. Ein Gespräch führen

Wenn du mit anderen sprichst, musst du abwarten, bis sie ihren Satz beendet haben. Das ist gar nicht so leicht. Achte darauf, wenn sich deine Eltern unterhalten. Zur Übung kannst du Lennys und Lizzys Aussagen in der richtigen Reihenfolge verbinden. Achte darauf, was sie sagen.

> Ein Gespräch zu führen ist kniffliger, als man denkt. Dazu gehört zum Beispiel, dass man andere ausreden lässt. Das geht aber nur, wenn Ihr Kind erkennt, wann der Gesprächspartner eine Pause macht.

60. Eine Bestellung aufgeben

Heute darfst du mit deinen Eltern Kaufladen spielen. Bestelle, was du kaufen möchtest und prüfe, ob sie auf die richtigen Dinge zeigen.

Sprache ist auch eine Grundlage dafür, selbstständig und unabhängig zu werden. Ermuntern Sie Ihr Kind, seine Brötchen- oder Eisbestellung selbst aufzugeben.

61. Einen Bilderbrief basteln

Male einen Brief an deine beste Freundin oder deinen besten Freund. Stecke ihn in einen Umschlag. Bitte deine Eltern, die Anschrift auf den Umschlag zu schreiben und eine Briefmarke aufzukleben. Vergiss aber nicht, den Brief auch in den gelben Postkasten zu werfen.

Ein Brief ist eine besondere Form der Kommunikation. Hier werden Gedanken in Schrift- oder Bildsprache übertragen und weitergegeben. Nutzen Sie jede Gelegenheit, in der Ihr Kind einen Brief oder eine Postkarte malen oder basteln kann. So gewöhnt es sich von klein auf an diese Form der Kommunikation.

62. Gefühle beschreiben

Sicher hast du dich schon einmal so richtig gefreut oder du warst wütend. Hattest du Angst oder warst du traurig? Erzähle deinen Eltern, wie du dich da gefühlt hast. Wärst du gern wie ein Ball gehüpft vor Freude oder hättest du am liebsten laut geschrien, damit die Wut in dir verschwindet?

i Über etwas zu sprechen, das man sehen kann, ist schon nicht leicht. Richtig schwierig wird es, etwas zu beschreiben, das man fühlt. Das lernt Ihr Kind, indem Sie über Ihre Gefühle sprechen.

63. Einen Wunsch begründen

Male einen Wunschzettel und erkläre deinen Eltern, warum du dir all die Dinge wünschst.

Wunschzettel

i Ihr Kind sollte lernen, nicht nur Forderungen zu stellen, sondern Wünsche zu äußern und diese zu begründen. Fordern Sie es auf, eine Begründung zu nennen, wenn es einen Wunsch äußert.

64. Gesichtersprache verstehen und einsetzen

Was meinst du, was denken Menschen, die Gesichter machen wie diese hier? Beschreibe, was dir zu den Bildern einfällt. Male die gleichen Gesichter in derselben Farbe an.

Sprache geht weit über die geäußerten Worte hinaus. Wichtig ist, auch den Gesichtsausdruck zu verstehen.

Sprache ist dort knifflig, wo die Grammatik eine Rolle spielt. Das gilt für alle Sprachen. Die Grammatik bildet ein Gerüst, das es einem erlaubt so zu sprechen, dass jeder weiß, was gemeint ist. Allein durch die Satzstellung eines Wortes oder die Zeitform können Unterschiede ausgedrückt werden. Ihr Kind lernt die Grammatik durch Zuhören. Dennoch sollten Sie beobachten, wo es noch Fehler macht und versuchen, diesen entgegenzuwirken.

65. Singular und Plural kennen

Verbinde die gleichen Bilder miteinander und nenne die Wörter dazu.

> i
> Kinder lernen auch beim Zuhören, die Mehrzahl zu bilden. Wenn Ihr Kind die falsche Form wählt, sprechen Sie sie ihm die Pluralform richtig vor.

66. Die Fälle der Nomen anwenden

Für diese Übung brauchst du einen Partner,
der dir die Fragen stellt und die Satzanfänge spricht.
Du darfst die Wörter zu den Bildern ergänzen.

Ein  hat einen  an der Leine.

Wer ist auf dem Bild zu sehen? Ein  und ein .

Wessen  könnte das sein? Der  des .

Und wem gehört der  wohl? Dem .

Wen hat das  an der Leine? Es hat den  an der Leine.

Erst in der Schule lernt Ihr Kind, dass ein Nomen (Hauptwort oder Substantiv) in verschiedenen Fällen genutzt wird. Das müssen Sie ihm nicht beibringen. Wichtig ist, dass Sie darauf achten, selbst die richtigen Fälle zu verwenden. So lernt Ihr Kind sie automatisch.

67. Füllwörter verwenden

Lass dir vorlesen, welche Wörter in den Wolken stehen. Kennst du sie? Bilde zu jedem Wort einen Satz.

und

oder

ohne

mit

weil

für

Neben Nomen, Verben (Tuwörtern) und Adjektiven (Wiewörtern) gibt es kleine Wörter, die den Satz zusammenhalten wie „und“, „oder“, „mit“, „ohne“, „weil“. Ihr Kind lernt sie nebenbei, achten Sie jedoch darauf, ob es sie richtig einsetzt.

68. Artikel als Nomenbegleiter verstehen

Was siehst du auf den Bildern?
Benenne den Gegenstand oder das Tier und füge „der“, „die“ oder „das“ hinzu.

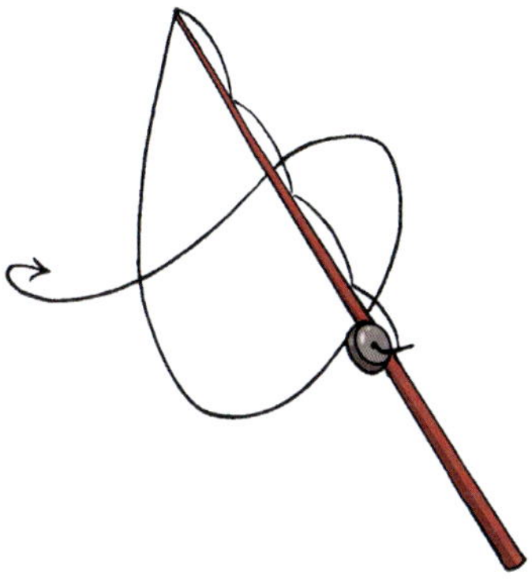

Viele Kinder tun sich schwer mit den Artikeln. Leider gibt es keine Regel, die für alle Nomen gilt. Da heißt es üben und auswendig lernen. Je öfter Sie bewusst einen Artikel erwähnen, desto leichter bleibt er Ihrem Kind im Gedächtnis.

69. Einen unbestimmten Artikel einordnen

Nenne die Wörter zu diesen Bildern und füge hinzu, ob es „ein“ heißen muss wie in der grünen Wolke oder „eine“ wie in der roten. Verbinde die Bilder mit den Wolken.

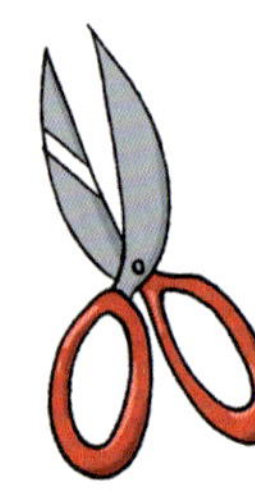

Die bestimmten Artikel „der“, „die“ und „das“ sind schon schwer zu merken. Dann gibt es aber noch die unbestimmten Artikel „ein“ und „eine“. „Ein“ gehört zu „der“ und „das“ und „eine“ zu „die“.

70. Mit Adjektiven erzählen

Schau dir das Bild an und lass dir die Wörter auf der Seite vorlesen. Welche Wörter passen zu dem Bild? Wie ist der Turm?

Mithilfe von Adjektiven lassen sich Dinge genauer beschreiben. Verwenden Sie möglichst vielfältige Adjektive, um Ihrem Kind einen breiten Wortschatz mitzugeben.

hoch

grün

breit

traurig

schwer

rot

müde

alt

schön

gestreift

gepunktet

71. Steigerungsformen einordnen

Hier siehst du viele Fische.
Manche sind größer als die anderen.
Sag, welche Fische jeweils die größten
sind und kreise sie ein.

Adjektive dienen nicht nur dazu, etwas genauer zu beschreiben.
Sie helfen auch, etwas zu vergleichen.

72. In der Ich-Form reden

Erzähle, was du mit den Gegenständen auf dieser Seite tust. Nimm dir ein Beispiel an Lenny.

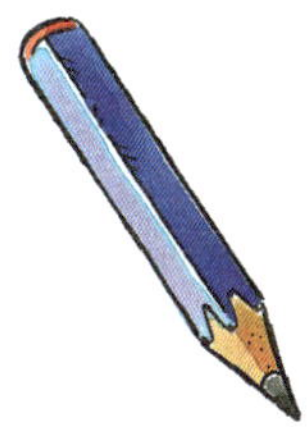

Mit etwa zwei bis zweieinhalb Jahren hat Ihr Kind begonnen, von sich selbst als „Ich“ zu sprechen. Das bedeutet auch, dass es die entsprechende Verbform nutzt.

73. In der Wir-Form plaudern

Was du auf diesem Bild siehst, macht mit Freunden mehr Spaß, oder? Erkläre, was ihr spielt.

> **i** Eine weitere Verbform ist die erste Person im Plural. Als „Wir“ bezeichnet Ihr Kind eine Gruppe von Menschen, zu der es gehört.

74. Über jemand anders sprechen

Was tun die Kinder denn hier?
Beschreibe es.

Wenn Ihr Kind über eine andere Person oder eine Gruppe spricht, nutzt es die dritte Personalform: „Er“, „sie“, „es“ oder das „Plural-sie“.

75. Ein Gegenüber ansprechen

Hast du Lust, Spion zu spielen? Setz dich auf einen Stuhl und beobachte, was deine Eltern tun. Und sage ihnen, was sie gerade machen.

Bleibt als letzte Personalform noch die zweite Person, „du“ und „ihr“. Es wird in der direkten Anrede gebraucht. Diese Form wird mit „st“ bzw. „t“ am Ende gebildet, was manchen Kindern schwer fällt.

76. Einen Satz bilden

Die Tiere auf dieser Seite kennst du, oder?
Erzähle, wie und wo die Tiere leben und ziehe einen Strich von den Tieren zu ihrem Zuhause.
Welche Geräusche machen die Tiere?

Ein Satz besteht aus Satzgegenstand (Subjekt) und Satzaussage (Prädikat), dieses Grundmuster beherrschen bereits Kinder zwischen zwei und drei Jahren. Danach verfeinert sich der Satzaufbau des Kindes, zum Beispiel dadurch, dass sie Zeitangaben oder Satzergänzungen (Objekte) hinzufügen.

77. Einen Satz umstellen

Folge den Linien von einem Bild zum nächsten.
Bilde Sätze, in denen die Wörter vorkommen,
die miteinander verbunden sind.

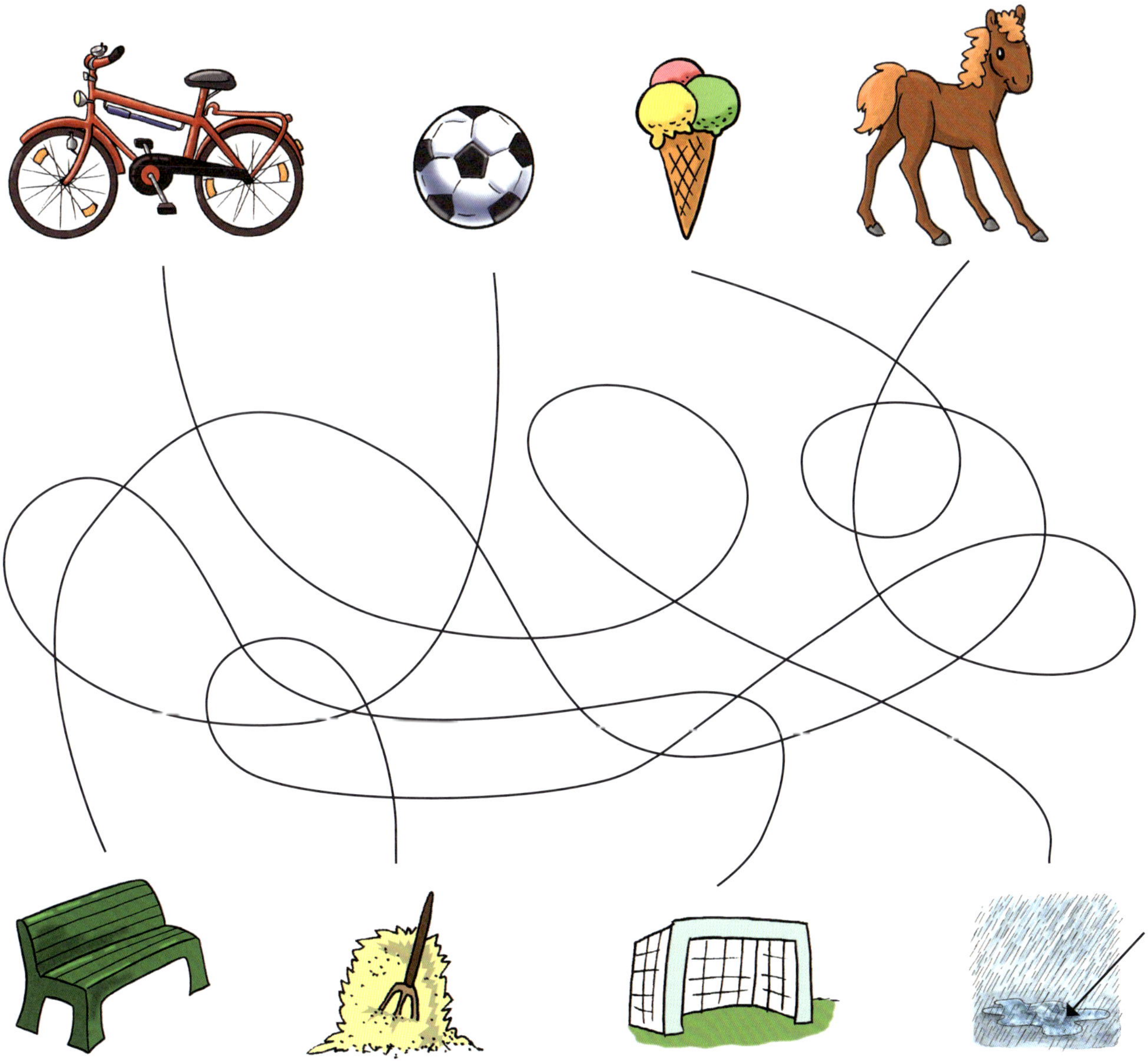

Es gibt zwar ein Grundmuster für den Satzaufbau. Das wird verändert, um dem Satz eine andere Bedeutung zu geben, ihn zum Beispiel als Frage zu formulieren.

78. Zwei Sätze zusammenfügen

Male die Bilder aus und denke dir zu jedem Bild einen Satz aus. Versuche dann, aus zwei Sätzen einen langen Satz zu bilden. Er darf ruhig lustig sein.

In der deutschen Sprache gibt es verschiedene Möglichkeiten, Sätze zusammenzufügen. Meist werden sie mit Bindewörtern (Konjunktionen) wie „und“, „weil“, „dass“, „denn“ verbunden.

79. Verneinungen anwenden

Schau dir die Bilder an und erzähle, was du auf keinen Fall tun darfst.

Die klarste Form der Verneinung ist „Nein“. Die kann Ihr Kind schon früh anwenden. Daneben gibt es andere Formen wie „nicht“ oder „nie“.

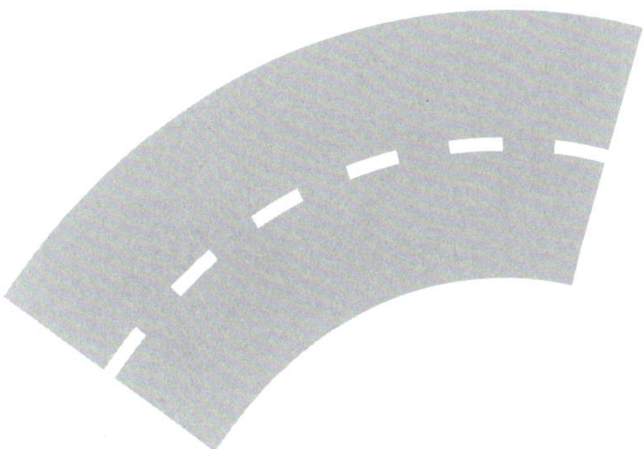

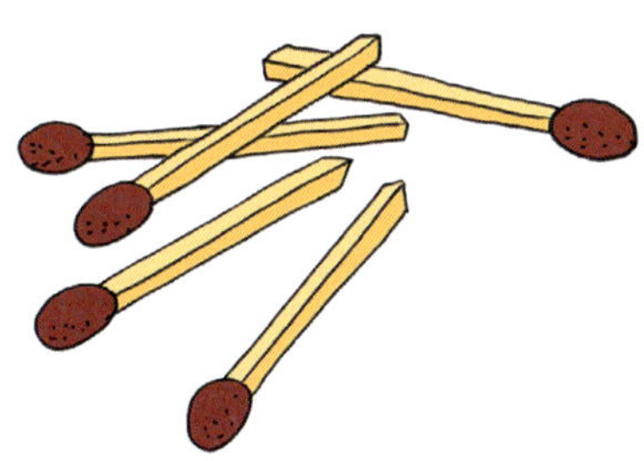

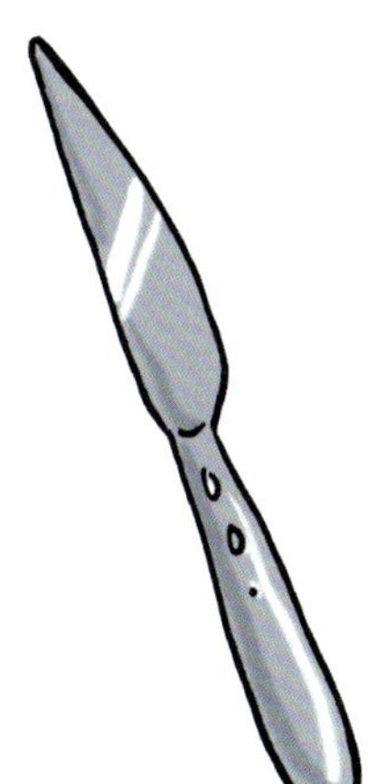

80. Fragesätze bilden

Nun darfst du die Fragen stellen. Also ein Interview zu dem Bild führen. Stelle Fragen, die mit „Wer?“, „Was?“, „Wie?“, „Wo?“ oder „Wann?“ beginnen.

Fragen kann Ihr Kind sicher schon. Das muss es nicht üben, oder? Aber schauen Sie doch mal, ob es die Frageworte richtig zuordnet.

81. Zahlwörter nutzen

Kreise alle gleichen Bilder in der gleichen Farbe ein. Wie viele von den Gegenständen siehst du?

ℹ Zählen lernt Ihr Kind in der Schule, allerdings beherrscht es schon vorher die Zahlwörter. Sie können das Gefühl dafür fördern, indem Sie diese verwenden und gegebenenfalls auch Zahlwörter wie „ein Paar“ für zwei zusammengehörende Dinge verwenden.

82. Präpositionen anwenden

Nun wirst du zu dem Bild interviewt. Bitte jemanden, dir Fragen zu stellen. Darin müssen die Wörter vorkommen, die am Rand stehen.

im

an

unter

auf

neben

zwischen

vor

hinter

Präpositionen sind Wörter, die angeben, in welchem Verhältnis sich ein Objekt zu einem anderen befindet. Deshalb heißen sie auch Verhältniswörter und damit tun sich nicht nur viele Kinder schwer. Beobachten Sie sich selbst, welche Wörter Sie nutzen.

Der Wortschatz ist im wahrsten Sinne des Wortes ein Schatz, ein Schatz aus vielen verschiedenen Bezeichnungen für Gegenstände, Tätigkeiten, Eigenschaften etc. Je vielfältiger sein Wortschatz ist, desto genauer kann Ihr Kind seine Gedanken äußern. Sie fördern den Wortschatz am besten, indem Sie ihm viele unterschiedliche Erlebnisse ermöglichen und darüber sprechen.

83. Familienmitglieder einordnen

Male in die Kästchen die Gesichter deiner Familie und Verwandten.

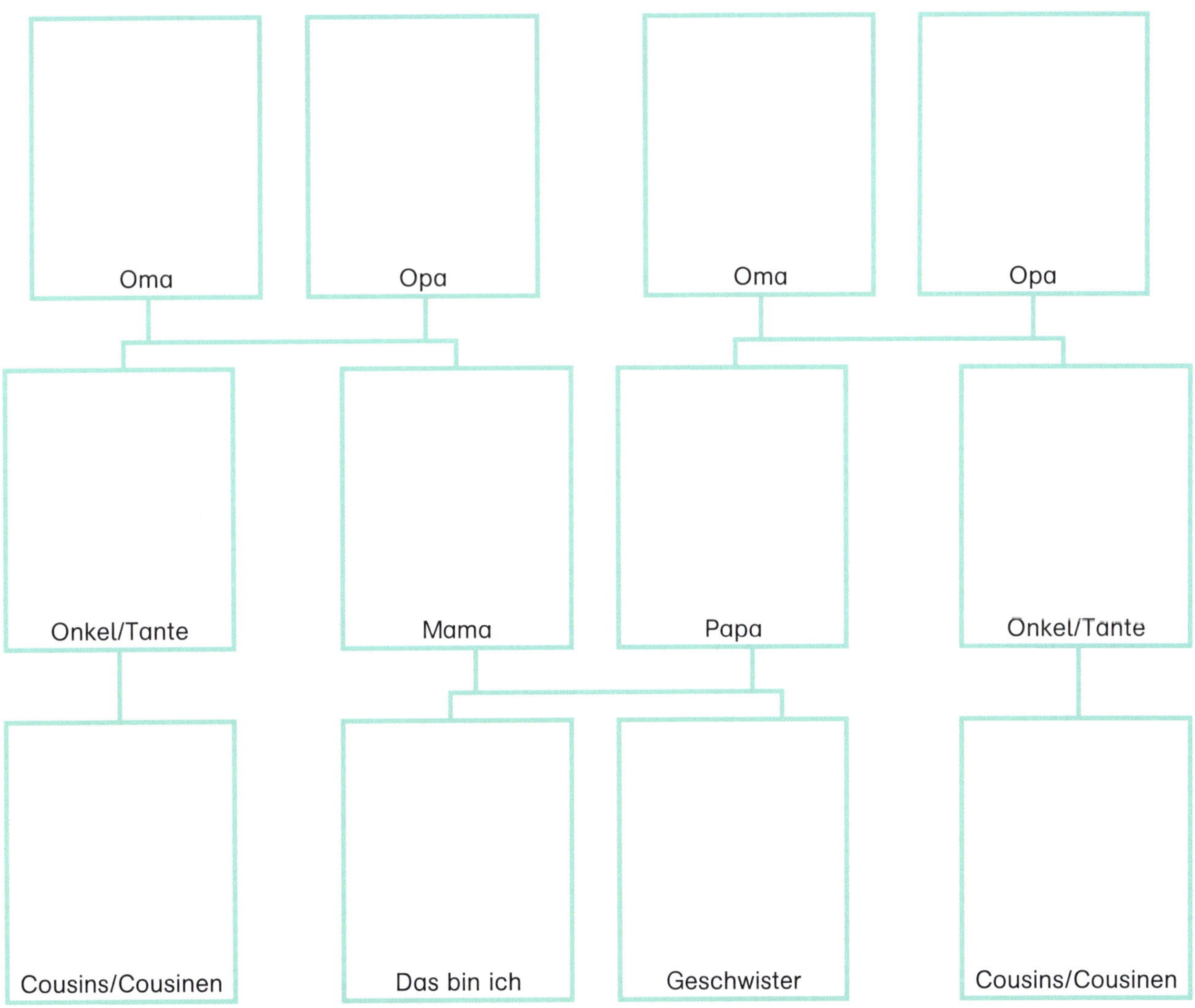

In einer Zeit der Kleinfamilien ist es nicht mehr selbstverständlich, dass Kinder einen Onkel haben oder in einer Familie über einen Cousin oder Vetter gesprochen wird. Nutzen Sie die Gelegenheiten, die sich ergeben, um Ihrem Kind auch diese Wörter nahezubringen.

84. Über den Körper sprechen

Zeige auf folgende Körperteile: Kopf, Fuß, Finger, Bein, Ohr, Bauch, Auge, Stirn. Den Ellbogen, das Knie und den Hals kann man nicht sehen, wo sind die denn?

> Der Körper besteht aus vielen Körperteilen und Organen. Erklären Sie Ihrem Kind bei Gelegenheit, wo sich welche Organe im Körper befinden.

85. Die Namen von Tieren benennen

Für dieses Spiel benötigst du Mitspieler, sonst nichts. Setzt euch gegenüber. Ihr klopft mit den flachen Händen auf den Tisch oder die Beine. Einer sagt: „Alle … fliegen hoch.“ Wenn das Tier, das er nennt, wirklich fliegen kann, müsst ihr schnell die Arme heben. Aber Vorsicht, man darf auch Tiere nennen, die gar nicht fliegen können. Dann müssen die Hände weiter auf den Tisch klopfen.

> Um alle Tiernamen zu kennen, muss man schon Biologie studieren. Aber einige sollte Ihr Kind kennen und neben den Gattungsbezeichnungen wie Vogel oder Hund auch Namen wie Rabe oder Dackel lernen.

86. Über Technik reden

Welche Gegenstände siehst du hier?
Kreuze an, welche Dinge du schon benutzt hast.

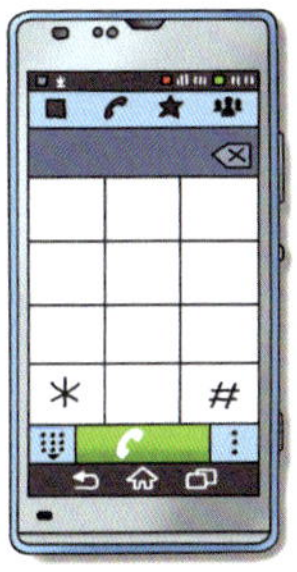

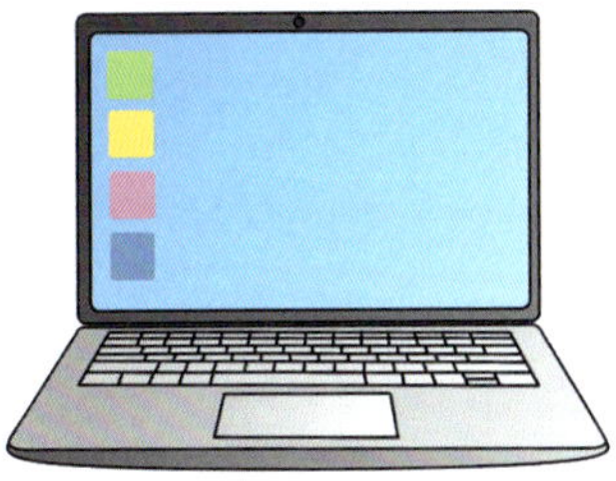

i Wir leben in einer Zeit, in der unser Alltag immer mehr von technischen Hilfsmitteln bestimmt wird. Häufig kennen Kinder sich besser damit aus als wir Erwachsene. Hören Sie deshalb genau hin, wenn Ihre Kinder über neue Technik sprechen.

87. Wörter aus dem Alltag beherrschen

Ups, hier fehlen die Farben und Muster.
Schau nach, wie diese Dinge bei euch aussehen und male sie genauso an.
Und wie heißen die Gegenstände? Benenne sie.

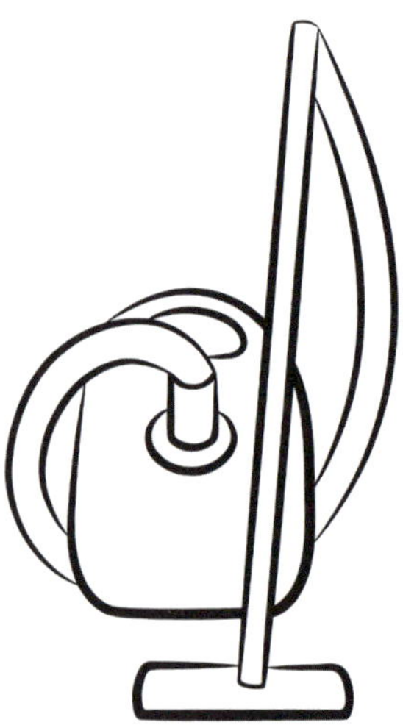

Sprachförderung geschieht größtenteils nebenbei, z. B. wenn Sie Ihr Kind bitten, die Tasse aus dem Schrank zu holen oder das Altpapier wegzubringen. Versuchen Sie, die Dinge, die Sie meinen, so genau wie möglich zu benennen. Das schärft die Kombinationsgabe Ihres Kindes und verbessert seinen Wortschatz.

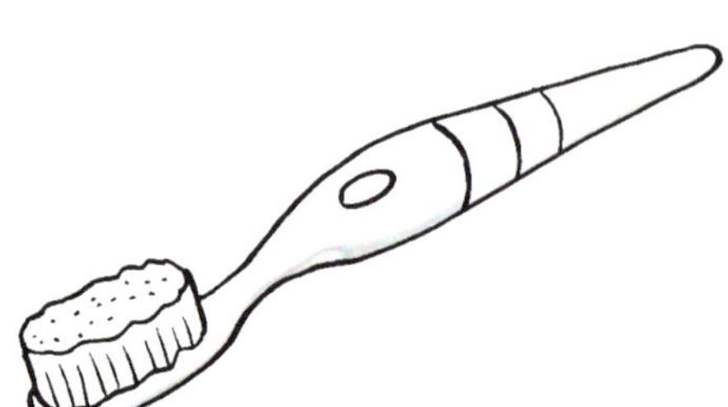

88. Dinge in der Umwelt bezeichnen

Schau dir das Bild an und lass dir die Wörter vorlesen. Kreuze an, was du auf dem Bild siehst.

- ☐ Straße
- ☐ Baum
- ☐ Bäckerei
- ☐ Parkplatz
- ☐ Kirche
- ☐ Apotheke
- ☐ Marktplatz
- ☐ Springbrunnen
- ☐ Straßenlaterne
- ☐ Turm
- ☐ Supermarkt
- ☐ Baustelle
- ☐ Zebrastreifen
- ☐ Telefonzelle
- ☐ Ampel

Um sich in einer neuen Umgebung zurechtzufinden, ist es hilfreich, wenn Ihr Kind die gängigen Begriffe aus der Umwelt kennt. Nehmen Sie Bilder wie diese oder Fahrten und Wege im Alltag zum Anlass, Wörter wie die auf dieser Seite zu erwähnen.

89. Farben und Formen kennen

Suche unter deinen Buntstiften, ob du passende Stifte zu den Farben hast und male die Formen in der richtigen Farbe an. Nimm das Buch und schau, ob es in deinem Zimmer Gegenstände in den Farben gibt.

Neben den drei Grundfarben Rot, Gelb und Blau gibt es eine Fülle von Mischtönen, für die es spezielle Bezeichnungen gibt. Ihr Kind muss ebenso wenig alle diese Farben kennen wie alle Formbezeichnungen. Je breiter sein Wortschatz jedoch ist, desto genauer und kreativer kann es Dinge beschreiben.

90. Zeitbegriffe verstehen

Damit dieses Spiel richtig viel Spaß macht, brauchst du einige Mitspieler. Ihr fasst euch an den Händen und geht im Kreis herum. Dabei singt ihr das Lied. Wer in der erwähnten Jahreszeit geboren ist, darf in den Kreis und sich dort drehen.

2.
Und wer im Sommer geboren ist, tritt ein, tritt ein, tritt ein!
Er macht im Kreis einen tiefen Knicks recht fein, recht fein, recht fein.
Mädel, dreh dich, Mädel dreh dich, ei hopsassassa!
Junge, dreh dich, Junge dreh dich, ei hopsassassa!

3. und 4. Strophe:
In jeder Runde wird die nächste Jahreszeit eingesetzt.
Wenn du schon die Monate kennst, dann könnt ihr statt der Jahreszeit auch die Monatsnamen verwenden.

i Ein Kind kennt noch keine Zeit in dem Sinne, wie sie uns Erwachsenen geläufig ist. Es spürt die Veränderungen und vielleicht auch den Termin- und Zeitdruck, den wir verbreiten. Es erschließt sich die Begriffe aus dem Alltag oder aus Spielen wie diesen.

91. Kleidungsstücke bezeichnen

Ist dein Kleiderschrank so leer wie der auf dem Bild hier? Vermutlich nicht. Beschreibe, was alles in deinem Kleiderschrank liegt und male deine Sachen auf die Schrankbretter.

Nicht nur Kleidung ist modeabhängig, auch die Bezeichnungen, die es dafür gibt. Denken Sie nur an Flipflops oder Shorts, die vor ein paar Jahren noch Badelatschen und kurze Hose genannt wurden.

92. Über einen Wortschatz rund ums Essen verfügen

Alles, was du hier siehst, kann man essen.
Nenne die Wörter zu den Bildern und zeichne den Weg vom Topf zu den Nudeln.

i Vor einem Supermarktregal mit Nudeln wird einem erst richtig klar, wie vielfältig Sprache rund ums Essen sein kann. Nun muss Ihr Kind nicht unbedingt Linguine von Makkaroni unterscheiden. Trotzdem hilft es ihm, seinen Wortschatz zu erweitern, wenn Sie bei der Zubereitung von Mahlzeiten erklären, welche Zutaten Sie verwenden.

93. Pflanzen unterscheiden

Male die Rahmen der Blumen und Blätter aus, die du schon einmal gesehen hast.
Wie heißen die Pflanzen? Nenne die Namen.

Die Anzahl der Begriffe für Pflanzen ist ebenso groß wie die für Tiere. Welche Wörter Ihr Kind lernt, hängt auch davon ab, ob es in einem Umfeld mit vielen Pflanzen aufwächst oder nicht. Doch auch auf einem Spaziergang durch die Wohngegend oder im Wald lassen sich viele Pflanzen finden und bestimmen. Ein Pflanzenbestimmungsbuch ist da eine wertvolle Hilfe.

94. Fahrzeuge auseinanderhalten

Nenne die Namen der Fahrzeuge und verbinde die Fahrzeuge, die sich in der Luft bewegen mit einem blauen Strich, die sich auf der Straße bewegen mit einem grünen Strich und die sich auf dem Wasser bewegen mit einem gelben Strich.

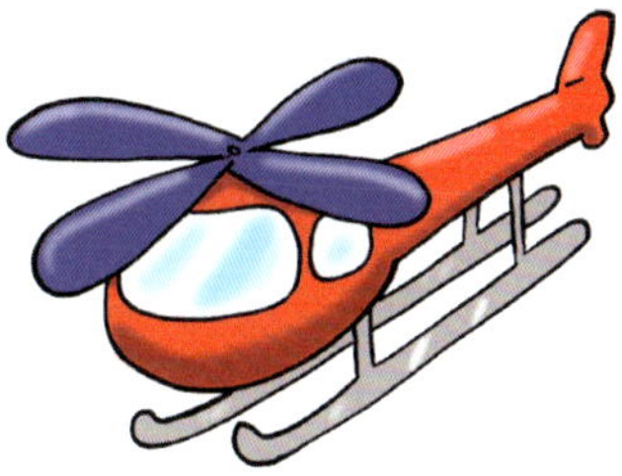

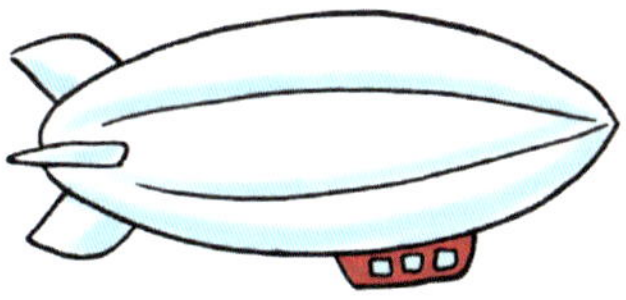

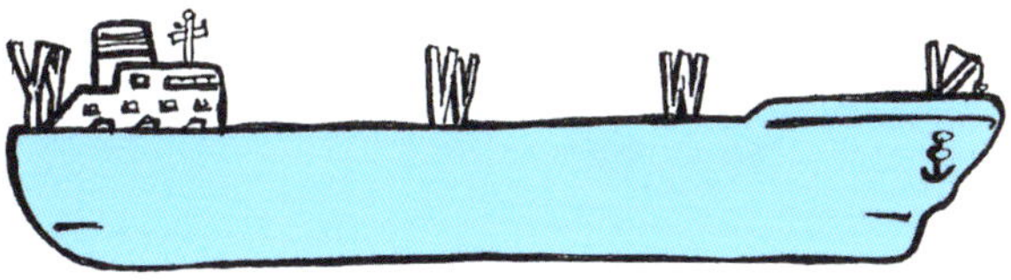

i Fahrzeuge sind Hilfsmittel, mit denen man sich fortbewegen kann. Denken Sie einfach daran, wann immer Sie ein Fahrzeug sehen, dieses mit dem passenden Nomen, nicht mit dem Markennamen, zu benennen.

95. Über Freizeitangebote reden

Was machst du am liebsten?
Male dich selbst als Strichmännchen neben die Dinge, die du gern machst.
Nimm dir ein Beispiel an Lizzy.

Welche Freizeitangebot Ihr Kind kennt, hängt davon ab, was Sie in der Freizeit machen. Je mehr Ihr Kind ausprobieren kann, desto leichter kann es sich entscheiden, was ihm gefällt und gleichzeitig erweitert es seinen Wortschatz.

96. Die Bezeichnungen der Musikinstrumente kennen

Hast du schon selbst Musik gemacht?
Getrommelt vielleicht? Erkläre, welche Instrumente
du hier siehst und was du darüber weißt.

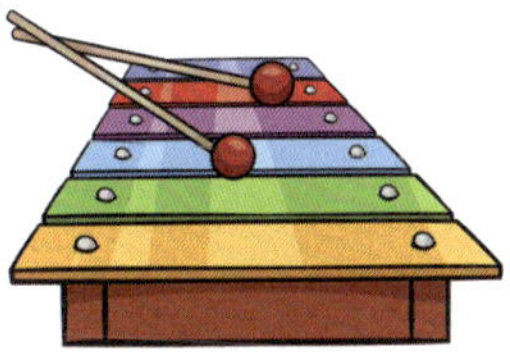

Xylophon

Klarinette

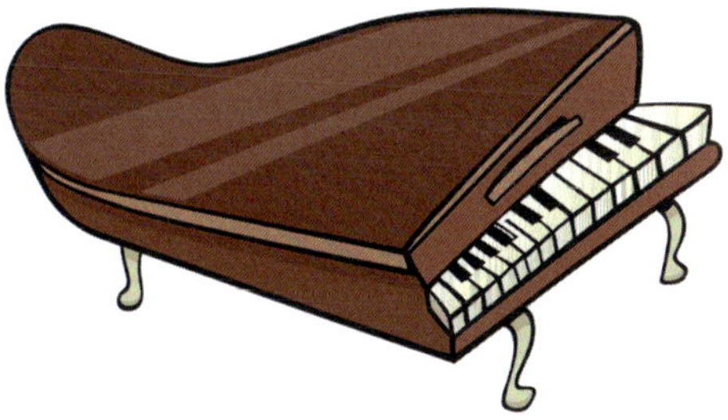

Klavier

Geige

Trommel

Schlagzeug

Saxophon

Gitarre

Flöte

Trompete

Wenn Sie ein Musikinstrument spielen, wird Ihr Kind ganz nebenbei Wörter „aufschnappen", die mit Musik zu tun haben. Sind Sie eher ein Musikmuffel, dann ist diese Übung ein Anlass, mit Ihrem Kind über Musikinstrumente zu sprechen.

97. Wörter für verschiedene Möbel kennen

Male euer Wohnzimmer in das freie Feld.
Benenne die Möbel und streiche die Möbel durch, die nicht in eurem Wohnzimmer sind.
Ergänze auf dem Bild, was noch fehlt.

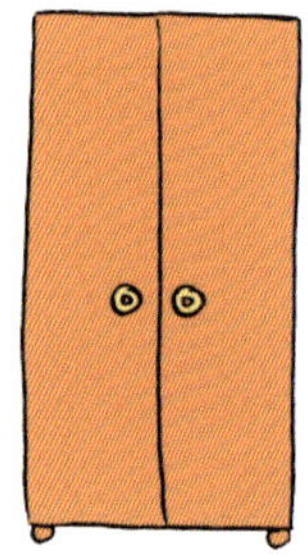

Jede Wohnung und jedes Haus ist anders eingerichtet. Aber manche Gegenstände finden sich immer wieder. Nutzen Sie ruhig ungewöhnliche Begriffe wie Couch oder Sideboard, Ihr Kind wird schon fragen, wenn es nicht weiß, was gemeint ist.

98. Bewegungsarten bezeichnen

Bei diesem Spiel erfährst du, was nötig ist, um ein Haus zu bauen. Du brauchst Hilfe, um das Lied zu lernen, aber dann kannst du es überall auch allein spielen.

Wer will fleißige Handwerker seh'n, der muss zu uns Kindern geh'n.
Stein auf Stein, Stein auf Stein, das Häuschen wird bald fertig sein.
Bewegung zur Strophe: Hände übereinander schichten

Wer will fleißige Handwerker seh'n, der muss zu uns Kindern geh'n.
O wie fein, o wie fein, der Glaser setzt die Scheiben ein.
Bewegung zur Strophe: eine fiktive Scheibe putzen

Wer will fleißige Handwerker seh'n, der muss zu uns Kindern geh'n.
Tauchet ein, tauchet ein, der Maler streicht die Wände fein.
Bewegung zur Strophe: Mit der Hand auf und ab wedeln wie mit einem Pinsel

> Ihr Kind lernt neue Wörter nicht nur, wenn es Gespräche anhört, sondern auch beim Mitsingen von Liedern wie diesem. Erinnern Sie sich an die Lieder Ihrer Kindheit oder Ihre Lieblingslieder und singen Sie miteinander.

99. Stille Tätigkeiten benennen

Was tun die Kinder auf dem Bild?
Denke nach und beschreibe es.

Nicht alle Verben bezeichnen Bewegungen, darüber hinaus gibt es viele Tätigkeiten, die ganz nebenher erfolgen. Versuchen Sie auch diese gelegentlich zu erwähnen, damit Ihr Kind versteht,
was andere mit den Begriffen sagen wollen.

100. Gegensätze benennen

Suche zu den Dingen auf dieser Seite immer zwei passende Wörter, die sie beschreiben.

langsam – schnell

klein – groß

alt – jung

laut – leise

hell – dunkel

Adjektive sind hilfreich, um etwas genauer zu bezeichnen. Helfen Sie Ihrem Kind, gegensätzliche Adjektive zu finden, damit es sich präzise ausdrücken kann.

Checkliste Sprachentwicklung

Im Folgenden finden Sie alle Übungen aus diesem Buch in einer übersichtlichen Checkliste. Hier können Sie bequem ankreuzen, was Ihr Kind schon kann und wo es noch unsicher ist. Auf diese Weise erhalten Sie schnell einen Überblick, in welchen Bereichen Sie Ihr Kind zusätzlich fördern sollten und worauf Sie die Erzieherinnen und Erzieher in der Kita bzw. im Kindergarten ansprechen können.

Wenn Sie möchten, können Sie noch das Datum eintragen, an dem Ihr Kind die Übung gemacht hat und sich Bemerkungen/Fragen notieren.

Ist Ihr Kind nur in einer oder zwei Übungen aus einem Themenbereich unsicher, können Sie diese Fähigkeiten spielerisch mit ihm üben. Zeigt es jedoch in fast allen Bereichen mehrere Unsicherheiten, fragen Sie unbedingt die Erzieherinnen und Erzieher Ihres Kindes, wie sie diesen Entwicklungsbereich einschätzen. Sie können Ihnen sicher Hinweise geben, ob Ihr Kind eine zusätzliche Unterstützung benötigt und welche Förderung angemessen ist.

Wichtig ist, dass Sie keinen Druck auf Ihr Kind ausüben – bleiben Sie gelassen. Kinder entwickeln sich sehr unterschiedlich. Lassen Sie Ihr Kind an Ihrem Alltag teilhaben, wann immer es möglich ist.

Grundlagen für das Sprechen entwickeln

Nr.	Übung	sicher	unsicher	Datum	Bemerkung
1.	Hören und zuhören				
2.	Einen Rhythmus klatschen				
3.	Den Mund bewusst bewegen				
4.	Laute richtig aussprechen				
5.	Gezielt ausatmen				
6.	Kategorien bilden				
7.	Eine Geheimsprache anwenden				
8.	Einen Satz nachsprechen				
9.	Beim Vorlesen zuhören				
10.	Lange Wörter nachsprechen				
11.	Sich den Einkaufszettel merken				
12.	Gleichzeitig sprechen und sich bewegen				
13.	Ein Bilderrätsel lösen				
14.	Eine Geschichte weiterspinnen				

Den Aufbau der Sprache kennenlernen

Nr.	Übung	sicher	unsicher	Datum	Bemerkung
15.	Silben gehen				
16.	Gleiche Anlaute finden				

17.	Reime bilden				
18.	Reime raten				
19.	Auslautpaare erkennen				
20.	Innenlaut zuordnen				
21.	Buchstabenketten fortführen				
22.	Fehler in Sätzen bemerken				
23.	Fantasiewörter nachsprechen				
24.	Buchstaben in Wörtern austauschen				
25.	Wörter nennen, die mit Vokal beginnen				
26.	Wörter mit Konsonanten kennen				
27.	Wörter zählen – Wortenden erkennen				
28.	Das Satzende erkennen				

Sprache wahrnehmen und verstehen

Nr.	Übung	sicher	unsicher	Datum	Bemerkung
29.	Dinge auf einem Bild zeigen				
30.	Malen nach Sätzen				
31.	Wörterketten bilden				
32.	Zu einem Gedicht malen				
33.	Ein Märchen beenden				
34.	Wörter umdrehen				
35.	Eine Geschichte nacherzählen				
36.	Über einen Witz lachen				
37.	Ähnlich klingende Wörter erkennen				
38.	Eine Geschichte mitlesen				
39.	Ein Rätsel lösen				
40.	Fragen zu einer Geschichte oder einem Bild beantworten				
41.	Unsinnsfragen beantworten				
42.	Wahrheit und Fantasie unterscheiden				

Sprechen und Aussprechen üben

Nr.	Übung	sicher	unsicher	Datum	Bemerkung
43.	Schwierige Laute sprechen				
44.	Fingerspiele mitmachen				

Checkliste Sprachentwicklung

45.	Wörter zu einem Thema finden				
46.	Stille Post spielen				
47.	Ein Bild beschreiben				
48.	Wörter nachsprechen				
49.	Eine Geschichte erfinden				
50.	Ein Tier beschreiben				
51.	Eine Bildergeschichte fortsetzen				
52.	An einem Ratespiel teilnehmen				
53.	Ein Gedicht aufsagen vortragen				
54.	Eine Person beschreiben				

Miteinander sprechen

Nr.	Übung	sicher	unsicher	Datum	Bemerkung
55.	Sich mit einem Stofftier unterhalten				
56.	Fragen stellen				
57.	Eine Bitte äußern				
58.	Über ein Erlebnis berichten				
59.	Ein Gespräch führen				
60.	Eine Bestellung aufgeben				
61.	Einen Bilderbrief basteln				
62.	Gefühle beschreiben				
63.	Einen Wunsch begründen				
64.	Gesichtersprache verstehen und einsetzen				

Grammatik richtig einsetzen

Nr.	Übung	sicher	unsicher	Datum	Bemerkung
65.	Singular und Plural kennen				
66.	Die Fälle der Nomen anwenden				
67.	Füllwörter verwenden				
68.	Artikel als Nomenbegleiter verstehen				
69.	Einen unbestimmten Artikel einordnen				
70.	Mit Adjektiven erzählen				
71.	Steigerungsformen einordnen				
72.	In der Ich-Form reden				

73.	In der Wir-Form plaudern				
74.	Über jemand anders sprechen				
75.	Ein Gegenüber ansprechen				
76.	Einen Satz bilden				
77.	Einen Satz umstellen				
78.	Zwei Sätze zusammenfügen				
79.	Verneinungen anwenden				
80.	Fragesätze bilden				
81.	Zahlwörter nutzen				
82.	Präpositionen anwenden				
Wortschatz aufbauen und erweitern					
83.	Familienmitglieder einordnen				
84.	Über den Körper sprechen				
85.	Die Namen von Tieren benennen				
86.	Über Technik reden				
87.	Wörter aus dem Alltag beherrschen				
88.	Dinge in der Umwelt bezeichnen				
89.	Farben und Formen kennen				
90.	Zeitbegriffe verstehen				
91.	Kleidungsstücke bezeichnen				
92.	Über einen Wortschatz rund ums Essen verfügen				
93.	Pflanzen unterscheiden				
94.	Fahrzeuge auseinanderhalten				
95.	Über Freizeitangebote reden				
96.	Die Bezeichnungen der Musikinstrumente kennen				
97.	Wörter für verschiedene Möbel kennen				
98.	Bewegungsarten bezeichnen				
99.	Stille Tätigkeiten benennen				
100.	Gegensätze benennen				

Richtig lernen – von Anfang an

Fit für den Schulstart

ISBN 978-3-12-949339-7

ISBN 978-3-12-949701-2

Fit in der 1. Klasse

ISBN 978-3-12-949534-6

ISBN 978-3-12-949536-0

Erhältlich im Buchhandel.

Weitere Informationen unter **www.klett-lerntraining.de**